我是男性，
也是女性主义者

[韩] 崔乘范 ◎著   吴荣华 ◎译

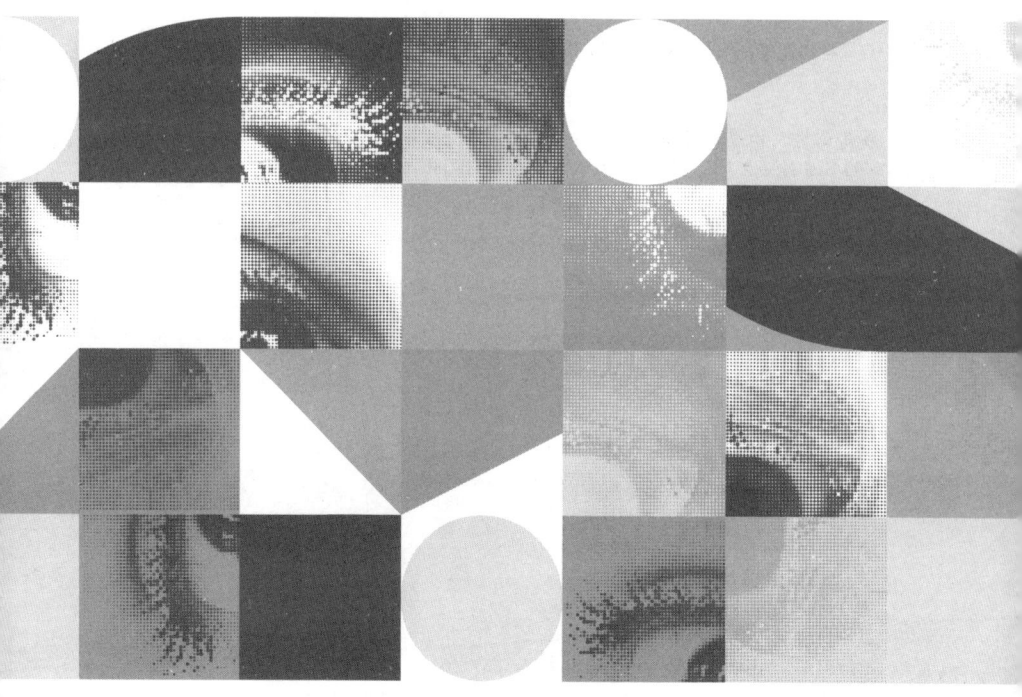

人民东方出版传媒
People's Oriental Publishing & Media
东方出版社
The Oriental Press

图字：01-2021-4567号

저는 남자고, 페미니스트입니다
최승범 ©/Seungbum Choi/ 崔乘範, 2018
The simplified Chinese translation is published by The Peoples Oriental Publishing & Media Group Co. Ltd. arrangement with Sangsang Academy through Rightol Media in Chengdu.

本书中文简体版权经由锐拓传媒取得（copyright@rightol.com）

图书在版编目（CIP）数据

我是男性，也是女性主义者 /（韩）崔乘范著；吴荣华译 . —北京：东方出版社，2025.3

ISBN 978-7-5207-2362-6

Ⅰ. ①我… Ⅱ. ①崔… ②吴… Ⅲ. ①妇女学—研究 Ⅳ. ① C913.68

中国版本图书馆 CIP 数据核字（2021）第 176699 号

我是男性，也是女性主义者
WO SHI NANXING, YE SHI NÜXING ZHUYI ZHE

作　　者：	［韩］崔乘范
译　　者：	吴荣华
责任编辑：	高琛倩
出　　版：	东方出版社
发　　行：	人民东方出版传媒有限公司
地　　址：	北京市东城区朝阳门内大街 166 号
邮　　编：	100010
印　　刷：	鸿博昊天科技有限公司
版　　次：	2025 年 3 月第 1 版
印　　次：	2025 年 3 月第 1 次印刷
开　　本：	889 毫米 ×1194 毫米　1/32
印　　张：	5.125
字　　数：	110 千字
书　　号：	ISBN 978-7-5207-2362-6
定　　价：	39.80 元
发行电话：	（010）85924663　85924644　85924641

版权所有，违者必究

如有印装质量问题，我社负责调换，请拨打电话：（010）85924602　85924603

前 言

男人怎么会成为女性主义者?

在我二十一岁的时候,曾问一位加入女性主义学会的师弟:"男人为什么要研究女性主义?"

他面带微笑回答了我的问题:"因为我们男人不懂女性主义,所以才要学嘛。"当时他的表情、他的声音,还有周边的景象历历在目。那是一个非常有冲击性的场面。

到了三十五岁,别的男人也向我提出了同样的问题:"男人怎么会当女性主义者?男人为什么要替女人说话?"

就连多少懂得女性主义或接触过女性主义的人也用疑惑不解的口气问我:"男人做女性主义者是不是有一定的局限性呢?"

事实上,当接到出版社约稿通知的时候,我也提出了类似的问题:"要我出书?我一个男人写女性主义的书,合适吗？"

我的童年并不是很快乐。小时候我喜欢玩折纸游戏，就是手工制作折纸衣服给布娃娃穿。我的这一喜好经常遭到父母兄弟的白眼："净玩女孩子玩的游戏。"我还喜欢玩抓石子和跳皮筋游戏，但怕小伙伴们嘲笑，我又不敢经常玩。我还爱哭鼻子，但因大人们说"男儿有泪不轻弹"，我又强忍泪水不敢哭出声。他们还数落我作为一个男孩总多嘴，数落我作为一个男孩总窝在家里看书。说实在的，我羡慕女孩子，可我身为男孩不得不努力做一个"男人"。为此我跟小伙伴们一起去操场踢过球、看过录像、打过几次架，也说过一些脏话。得到小伙伴们的认可，也是一件很惬意的事情。

我的这种"男人"生活一直持续到长大成人。不管到哪里，我都与粗野、暴力、淫词秽语等行为和语言形影不离。大学时跟着师兄，毕业后留校任教时跟着男性教师经常出入饭店、酒吧。他们认为，只有喝得烂醉才能掏出心里话，只有喝得烂醉才能建立以诚相待的关系。他们初次见面往往先问年龄，然后再排师兄弟、前后辈关系，确定这层关系后才开诚布公地与对方交流。遇到年龄大的，手忙脚乱去伺候；遇到年龄小的，便忙掏腰包去招待。原本我觉得女人一生相比于男性活得够累的，可在那种情况下，我觉得男人的一生不比女人轻松多少。男人为什么要那样生活呢？我百思不得其解。

通过接触女性主义，我心中的疑问慢慢解开了。通过对"殖民地男性"的了解，我开始理解被殖民者践踏自尊心的男人们为什么经常欺负自己的女人，就是为了找回自尊心。他们实际上就是遇强则弱、遇弱则强的"小男人"。"同性社交"[1]要求男人必须得到同性的认可，只有这样才算"真正的男人"。由此，我了解到男人绞尽脑汁去寻找"相貌上不比别人差的恋人"的理由。女性主义为我解开了男性心理学方面的很多疑虑，同时让我认识到了自己的真面目。如此看来，女性主义与男人的人生也有密切的联系，女性主义在解放女性的同时，也给我们男人带来了自由。

我是一名男子高中的教师。我工作的环境充斥着行走的荷尔蒙，都是年轻的男性。教室里往往充斥着淫词秽语和力气的较量，但他们并没有恶意。我问他们为什么要这么做，他们回答最多的是"没别的意思"，其次是"为了开心""为了显男子气"。都说高中时期是一生中性欲最充沛的时期，的确一点不假，有些小子竟不假思索地喊一声"性交吧"。实事上这是青春期男性极其自然的欲望，可用这种方式发泄实在令人惋惜。教室的墙壁上赫然挂着

---

[1] 同性社交，Homosocial，同性群体中出现的同性友谊。——译者注

"多学十分钟就能娶上更漂亮的老婆"的班训,这简直把女人当作成就的补偿。这样的班训合适吗?

都说现在的高中生是生活在第四次产业革命时代的新一代,可男生们显示男性特质的方式却与过去的"小男人"或"小老头儿"没有什么两样,即不是把男孩当成施暴对象,就是把女孩当成性对象。教室里经常能听到学生不知从哪里学来的淫语。似乎只有粗野的行为和低俗的语言才能显示男性的特质,他们毫无顾忌地展示自己的"雄性特质"。在这样的男生当中,要是有一个像我小时候那样性格内向、爱说话、爱哭鼻子的男生,那么他自然就成为"另类"。

"男人要有财富,女人要有美貌",前几代人错误的价值观还在影响着当今十七八岁的年轻人。出现这种现象不能一味地怪孩子们,首先要反省的是传递给他们错误认识的我们。我们要从自身开始重新审视自己。

2017年是女性主义之年。这一年以销量超过五十万册的《82年生的金智英》为代表,韩国出版了不计其数的有关女性主义的图书,书店的社会科学书架上摆满了女性主义图书。电视台也推出了"刺哥辣妹""滚烫的汽水""时尚女性"等女性主义节目,"级别差异""说话算数"等时事、教育节目里也介绍了大量女性主义的理论和案例。

同一时间女性主义运动在美国也蓬勃兴起了。在大众的关注下，美国线上辞典出版商韦氏词典（*Merriam Webster*）将2017年的年度词语选定为"女性主义"。

世界正在发生变化。女性主义随着历史潮流越来越深入人心。这是个不可抵挡的潮流，也是不可回避的现实。为了不沦落为"泡菜女"[1]，一直自我束缚的女性正在努力甩掉束缚自己的精神枷锁。然而，遗憾的是，不想被扣以"韩男虫"[2]外号的韩国男性，明里暗里仍在一个劲儿地束缚女性。

在此，我们向他们呼吁，不要压制女性的声音，多反省自己，多学一学女性主义。我真诚地劝告他们切勿被时代淘汰。让我们一起做女性主义者吧。做一个女性主义者，丢掉的是"大男子主义"[3]，得到的将是整个世界。

---

1 泡菜女，以金钱为目的与异性交往的女性或过度依赖男性的女性。——译者注
2 韩男虫，与"泡菜女"相反，事事依赖女性的男人，即"韩国寄生虫男人"的意思。——译者注
3 "大男子主义"一词引自托尼·波特的《致男人的公开信》，指男性的传统观念。

目 录

第一章 母亲和儿子

我家有点奇怪 ……………………………………… 3
穷人家女儿的命运 ………………………………… 5
对女性主义思考的开端 …………………………… 9
中年女性在韩国的地位 …………………………… 13
别人家也是这样？ ………………………………… 16
母亲的抑郁症 ……………………………………… 19

第二章 学习女性主义的男人

必须有深入人心的规则 …………………………… 25
性暴力事件是如何发生的 ………………………… 29
善良的女人能上天国，可不良女人无所不至 …… 32

看似严谨的家长制下卑劣的阴影 ············ 37
因为男人不懂女性主义，所以需要学习 ······ 41
以前是师生，现在是同志 ·················· 47

第三章　老师，周末您去过江南地铁站吗？

如果我不保持沉默 ························ 51
为什么不敢说是仇女犯罪？ ················ 55
同志不见踪影，只见"日佳"旗帜飘扬 ······ 59
女性在韩国的地位 ························ 62
宽以待男，严以待女 ······················ 68
追究被害者责任的韩国社会 ················ 70
从统计数字看韩国女性的人生 ·············· 73
男性也能成为女性主义者吗？ ·············· 79

第四章　与八百名男生在一起

女性主义是人生必修课 ···················· 87
《荞麦花盛开的季节》是宣扬性暴力的作品吗？ ···· 90
看《春香传》，女人自古以来就是男人的玩物 ···· 94
李陆史的诗是"男性语调"，金素月的诗是"女性语调"？ ·· 99
《谢氏南征记》里真正的犯人是谁？ ·········· 103
《女性参政论者》：生活不能只面对现实，更要面对历史 ··· 107

"人类"+"非男"+"未熟"="少女"？ ················· 110

第五章　与憎恶抗争的方法

在男多女少的地方必须发声的理由 ················ 115
瞄错的标靶以及由憎恶导致的"左右和谐" ········· 119
人类各种歧视的历史渊源 ························· 124
在男子高中传播女性主义 ························· 128
应对学生指责的方法 ····························· 133
如何团结同志？ ·································· 137
与其站在有利的一边，不如站在有益的一边 ········· 140

结束语　为了一起在地狱中生存 ···················· 145

第一章

母亲和儿子

我家有点奇怪

记得在我十岁那年,我感到我家有点奇怪,这是因为我母亲。母亲是一位小地方的保险销售员,她不仅在分店业绩拿第一名,在道[1]里也经常拿前几名,因此去首尔总部领奖是常有的事。

母亲的工资比在高中当教师的父亲高出三倍。父母结婚时从祖辈那里继承的"财产"就是一屁股的债。由于母亲的努力,父母不仅能给爷爷和奶奶送去生活费,还把我们兄弟俩送到外地大学去读书。父母生活在宽敞的公寓,家里还有两辆轿车。

母亲每天第一个起床,为全家准备早餐。下班以后回到家,总有干不完的家务活儿,总是家里最晚睡觉的那个。做饭、洗碗、买菜、打扫卫生,这些家务都是母亲的事情。父

---

1 道,相当于中国的省。——译者注

亲一年只有节假日和祖上的祭日才会去姥姥家，可母亲每周要去爷爷家两次以上。陪爷爷奶奶去医院也是母亲的事情。

母亲操持家务十分精干，生活上非常节俭，对自己更是非常吝啬。她开的是十年以上的小汽车，穿的鞋也是不到一万韩元[1]的便宜货。可为了父亲在外的形象，母亲让父亲开高档汽车，给他穿高档衣服。即使这样，父亲也没有对母亲有感激之意。

父亲毒打母亲那天的情景至今历历在目。那天不知是什么节日，大姑妈、小姑妈、小叔都来到了我家。当时父亲和母亲因生活琐事发生了口角，没想到父亲竟然拿起烟灰缸和电话机砸向母亲。这还不解气，父亲对母亲又是踢肚子又是踩胸口，最后弄得母亲肋骨骨折。此时父亲余怒未消，又拿起椅子向母亲扔过去，好在小叔飞身阻挡才避免了一场更大的灾祸。当时的情景像电视剧慢镜头一样印刻在了我的脑海里。我和弟弟都被吓坏了。母亲到底犯了什么错，父亲竟然如此对待母亲？我们兄弟俩哭着鼻子，死死地抱着父亲的腿，求他不要再对母亲施暴。

几天后，母亲跟我们兄弟俩说她想跟父亲离婚，我和弟弟哭着说"不要离婚"。一轮风波过去，家里重新恢复了往日的平静。当然，这只是对我们三个男人来说平安的日子，对母亲来说却是危险而残酷的"平静"。

1　一万韩元，相当于人民币六十元左右。

穷人家女儿的命运

母亲出生于家徒四壁的穷人家里，上有哥哥姐姐，下有弟弟妹妹，在七个兄妹中排行老五。姥爷是从三八线以北过来的人，原来是经营木工厂的老板，因那场战争[1]他倾家荡产，只身逃到了三八线以南。按理说，结婚以后哪怕出去打工也要挣钱养家，可姥爷出于那早已过时的老板自尊心，就是不愿意做一个"普通老百姓"。

当时全家九口人全靠姥姥在集市卖水果挣来的钱过日子，母亲和姨妈们轮番帮助姥姥做家务活儿。当时家里有四个舅舅，可他们谁都没有帮助母亲做过家务活儿。作为韩国的"传统习惯"，这种陋习一直延续到现在。一到节假日，表姑表姐们在厨房忙成一团，表叔表哥们却个个

---

[1] 指1950—1953年的朝鲜战争。三八线以北指朝鲜，三八线以南指韩国。

躺在客厅的沙发上看电视。社会传统就像学校教育一样自然，有时我甚至怀疑这是不是也属于遗传基因。

二十世纪六七十年代，一个成功大家庭的标志是培养出一个特别出众的孩子（主要是儿子），然后大家都在那棵"大树"下"乘凉"。姥爷家也不例外，全家把希望都寄托在三舅身上。事实上母亲比小她一岁的三舅要聪明得多，可母亲和其他姨妈一样，牺牲自己，让家里供养三舅一个人继续学习。当母亲的朋友们走进中学校门的那一天，母亲独自一人来到后山坡放声痛哭。

几年后母亲参加了资格考试。她很想和别的同学一样正儿八经地念高中，可家里根本没有财力供母亲继续读书。母亲从十七岁开始，边在法务所当法务助理，边念了广播函授高中。母亲的目标只有一个，就是攒几年钱考上大学。然而函授高中还没念一年，首尔的大姨给母亲发来了求助信，要母亲到首尔来给她照看孩子，并承诺等孩子长大以后可供母亲念大学。母亲不愿意离开家乡，可看到姥姥天天为大女儿抹眼泪，只好曲意地答应了大姨。

就这样，母亲从十七岁到二十一岁在首尔龙山区解放村与大姨一起生活了四年。送外甥去幼儿园之后，母亲一边给别人家的孩子改考卷，一边组装玩具拼命挣钱。然而，说好几年后送母亲上大学的大姨，却一年推一年，迟迟没有兑现承诺。说来也正常，如果大姨真有那个财力，当初就不会把孩子托付给母亲，好让自己有机会外出挣钱了。

母亲返乡找到一份工作，在一家小规模的建筑公司做财务工作。母亲二十三岁初恋，二十五岁订婚，住进了婆家。从此母亲放下算盘操起了锅碗瓢盆和洗衣板。那是将儿媳妇当奴婢使唤的年代。母亲自从住进婆家那天起，只知道干活儿，从来没有摸过钱。订婚半年后母亲怀孕，怀孕三个月后办了婚礼。父亲当时还没有固定职业，只是个大四学生。

生下头胎后的第四个月，身子尚未完全恢复，母亲又怀上了第二胎。养育连年生的两个儿子，母亲的身体几乎垮了。起初愿为新婚妻子摘星星、摘月亮的父亲，有了两个孩子以后突然变成另一个人，只要孩子哭闹，他就不耐烦地皱起眉头。母亲为了让父亲睡个好觉，半夜将哭闹的两个孩子抱一个背一个悄悄溜出门。带着两个孩子在院子里熬夜，对母亲来说是习以为常的事情。养育子女和操持家务自古以来是女人应尽的义务，母亲也不例外地独自一人担起了这一重任。父亲下班回来不仅不动手帮母亲做家务，反而责怪母亲成天在家里偷懒。就当时的情况来说，像我父亲那样的男人不能算是坏丈夫，他只是众多普通丈夫中的一个。只要按时足额把工资拿回家，不管他干什么都被认为是好丈夫。

而现在的年轻人，老婆生孩子，老公还要向单位申请产假或育儿假，对此老一辈的人还会摇头埋怨道："我们那个时候没有男人的照看，孩子照样长得结结实实，现在的年轻人养个孩子闹得全家都不得消停。"那么问题来了，试问在老一辈那样的环境中成长的子女们跟父亲的关系是怎样的呢？子女们只偏向母亲一方，当父亲的不觉得自己被子女们疏远了吗？无法融入家庭，他们觉得安心吗？

　　我爷爷也不是省油的灯。母亲结婚时爷爷只给父母亲送了一斗米，后来却对儿媳小家庭的生活事无巨细地干涉起来。生我的时候，母亲奶水不够，于是很早就开始给我喂奶粉，爷爷看到后觉得很不应该，冷嘲热讽地责怪儿媳怎么能给人的崽子喂老母牛的奶。生第二胎以后，由于买不起尿不湿，母亲便买了一台洗衣机洗尿布及衣服，于是爷爷又唠叨起来："过去没有这样的机器照样洗了几十个人的衣物呀。"我们稍微长大后，爷爷隔三岔五地给母亲打电话说想看看孙子们，母亲不敢违抗爷爷的命令，于是牵着我们的手坐公共汽车前往爷爷家。

对女性主义思考的开端

父亲在大学时是非常优秀的学生,他的导师曾多次劝其考研。当时,父亲只要拿到硕士学位就可以留校当大学老师,留校当老师后可以边教学边攻读博士学位。当时父亲也不是没有继续念书的欲望,可一家四口中他是唯一养家糊口的人。当时规定考研后是不允许上班挣钱的。正当父亲决定放弃考研机会的时候,母亲站了出来:"钱由我来挣,你必须继续念书。"那时我五岁,弟弟才四岁。

带两个孩子且年龄已经超过三十岁,这个条件的女人确实不好找工作。母亲开始做起了上门推销家电产品的差事。这个工作是只要卖完规定数量的家电产品,剩余时间就可以自由支配。这样,母亲能够边挣钱边照看我们兄弟俩。为了推销电视机、冰箱、洗衣机等家电产品,母亲不得不天天去按陌生人家的门铃，去敲陌生商家的门。受到人家的白眼和蔑视如同家常便饭，实在感到委屈时母亲会只身到海边大哭一场。但每天回到家母亲从来不会给我们露出她的委屈和苦楚，不仅如此，为防止家里人担心，母亲从来没有说过一个"累"字。母亲从来没有考虑过自己的人生，对我们兄弟来说她只是妈妈，对父亲来说她只是一个妻子。

　　第二年母亲换了份工作，开始跑起了保险销售。母亲负责的是拥有500名客户的销售区域，算是S级保险销售员，可实际上这是扩大版的护理员工作。在这份差事中，母亲必须接受客户们向她倾诉的各种难过、痛苦、艰难的回忆，还必须与他们产生共鸣。有时，母亲还要充当他们的司机、护士。母亲不能错过客户的红白喜事，有时甚至还要替客户参加他们子女的运动会，当客户子女的代理妈妈，以至于有些孩子都说她比自己的母亲还要亲。母亲毫无保留地付出，毫无保留地包容。母亲默默无闻地充当他们情感发泄的对象，而她自己却默默地咽下情感的苦酒。母亲的情感世界是多么荒芜。

　　母亲的一生是为我们家其余三人忙碌的一生。天还没亮母亲就得起来做饭菜，等饭菜做好了就叫醒我们三个男人。起来以后，爷儿仨还向母亲问个不停："妈，我的袜子呢？""妈，我要带到学校去的东西买了没？""喂，我的西服呢？"等。三个男人傍晚时分回到家时，母亲早已做好可口、热乎的饭菜,吃完饭爷儿仨便躺在舒适的沙发上看电视。如今我每每下班回家后便想起当时我们家的这一情景。人们都说家是休息和充电的空间,可这在韩国是仅限于对男人的说法。对深陷抚养子女和家务劳动泥潭的母亲们来说,家庭是远比职场更劳累的劳动空间。对母亲们来说,她们的人生看不到任何出路,谈不上自我思考。在我们所享受的安逸生活的背后,还有一位忍受着没完没了的痛苦的女人。看到母亲的经历,不能不说她是我们家的西西弗斯[1]。

到了十二岁,我察觉到母亲实在太劳累。为了减轻母亲的负担,我开始做家务活儿。洗衣服、打扫卫生、洗碗之类的小事情做起来也不太难。我不愿意看到下班以后拖着疲惫的身子走进厨房的母亲的背影,而最想看到的是母亲盖着薄毯舒舒服服躺在沙发上休息的身影。"儿子,谢谢你,谢谢你帮我。"我洗自己吃过的拉面碗,母亲也说一声"谢谢"。我感到奇怪,都是一起吃过的,一起穿过的,一起弄脏的,可为什么由母亲一个人来洗刷?我百思不得其解。

现在想来那就是我对"女性主义"思考的开端。像洗碗这样的事比较适合我的个性,在没有任何杂念的氛围中将碗碟洗得干干净净,我心里感到特别平静。洗得干干净净的碗碟,手指用力摩擦一下就会发出吱吱的声音,听到

---

[1] 西西弗斯,古希腊神话中因无望无效的劳作耗尽一生的悲剧人物。——译者注

那个声音，我心里有一种愉悦感油然而生。到了高三时我还为母亲洗碗，于是父亲对我说："你妈没做好家务活儿，耽误你念书的时间。"

二十世纪九十年代，我上小学的时候还没有那么多双职工家庭。到朋友家玩的时候，看到待在家里的朋友母亲亲切地向放学回家的儿子打招呼，我羡慕不已，于是恳求母亲别上班，天天在家里等着我放学回家。面对我的请求，母亲只是反复说"对不起"。我和弟弟下课以后经常在学校操场上踢足球，玩到很晚。因为回家早了，我们也看不到母亲，于是索性在学校玩到她下班为止。小区里的大婶大娘们颇为我们操心，母亲在家长会上没少挨老师的批评："还是多管管孩子吧，两个儿子都是高年级学生，至少让他们上课外辅导班呀。"无奈的母亲只能反复向我们兄弟俩说"对不起"。

说来很惭愧，我也曾产生过类似的偏见。前不久的一天晚上，一个偶然的机会我与一位地方政党的女士坐在了一起。当时我无意间问了一句"这个时候你还在外面，孩子谁来照看"，问完我立刻意识到自己这个问话并不合适。以前曾跟诸多男性朋友聊到半夜时分，可我从来没有问过他们谁来照看孩子的问题。我自认为长期研究女性主义并时常反省自己，从而早已摆脱了厌女情结，没想到不过是自己给自己戴高帽而已。作为一个生活在韩国三十多年的男人，我的厌女情结已达到根深蒂固、难以自拔的地步。

中年女性在韩国的地位

中年男人想要活得潇洒，离不开老婆的照顾。没有"家人"的关照而不穿破了洞的袜子、不穿有裂缝的裤子的男人，在韩国几乎找不到。能穿上洗得干干净净、熨得平平整整的衣服，也归功于老婆大人。

反过来中年女性想要活得潇洒，就必须离开老公。因为这些女人不用为伺候老公累死累活，甩掉了后顾之忧。还有，没有老公的女人可以减少一半的家务劳动和精神负担，她们可以以"不错的薪水＋自己的空间"过上滋润的生活。

有一所大学的研究结果[1]表明，女人生活中没有男人会更长寿，而男人只有依附于女人才能长寿。这个研究结果明确地提示，在婚姻这个剥削性的构架里谁是加害者，

---

1 "没有丈夫的女人更长寿"，韩国《中央日报》2002年11月8日。

谁是被害者。就像主人和奴隶的关系一样，男人只有在依附于女人的时候才能过上充裕的日子，而女人只有没有男人，才能摆脱曲折的人生。

男人的人生周期里一般不存在工作经历上出现"断档"的现象，而女人因经历生产、育儿等过程，很多人会失去原有的工作。即使她们运气不错，侥幸留在职场，也可能因晋升不顺、业务不过关等问题丢掉工作。这些"落榜"女人的去处只能是低薪、初学者的岗位。即使在知识阶层，也有很多女性无法得到应有的待遇。有一位在地方市民团体任团体代表的女性因那场"草根民主运动"[1]得到了很多人的拥戴。前来邀请她演讲的人的生活状况她再清楚不过，所以她从来没有跟那些人要过演讲费，后来她才知道由男性代表进行的演讲几乎没有免费的。人们把她读、写、讲的劳动只当成是一个高学历女人高尚的生活趣味。虽然她站在讲坛上演讲，可她也是一位与丈夫一起谋生计的普通女人，遗憾的是只因为她是女人而没有被人们看成是职业劳动者。

在任何社会，女性的工作量都远多于男性。这是因为繁重的家务劳动偏向于依赖女性来完成。也许是付出的比收获的多，女性的劳动从来被认为是细微的，或者是次

---

[1] 草根民主运动，在韩国国民底层发生的一次民主化运动。——译者注

要的。在经济快速发展时期的韩国，国家需要以"产业生力军"的名义招募女性，可一旦劳动力过剩，首先被放弃的就是女性劳动者。欧洲在产业革命和世界大战过程中召集了大量女性劳动者，但没过多久就放弃了对女性劳动者的征用。

在银行工作的小叔在单位遇到叔母，很快便与她结婚了。他们曾有一段时间过着充裕的生活，可遇上金融危机，他们两口子便成了劝退对象。两个人当中必须有一个人离开单位，不出众人所料是叔母退出了职场。不计其数的中年女性什么时候才能守住自己的地位呢？这不能不说是既可怜又悲哀的社会现状。

别人家也是这样？

中学时期我一直被抽动症所困扰。我患的是抽动症中的运动型抽动症和语言障碍型抽动症并发的雷特综合征[1]。

因为这个病我不能参加学校的各种活动，我自己也因此多次想过自杀。我天天郁郁寡欢，上学成了一种负担，一提起上学我便呕吐不止。每到星期三下午，我会从学校早退去医院接受心理治疗，母亲在百忙之中抽空来陪我就医。有些人认为抽动症是一种由不良习惯引起的病症，为此他们埋怨这是母亲只顾挣钱而对子女的关照不够所导致的。也有人说我这个病是母亲分娩时使用胎头真空吸引器导致的，埋怨母亲没有实施剖宫产而坚持自然分娩。不管什么情况，所有责难总是指向母亲。同在一个屋

---

1 一种遗传性疾病，表现为频繁的运动性抽动和声带抽动。

檐下生活的父亲却成了局外人,根本没有人指责他。

母亲在人们的嘴里既是被赞颂的对象,又是被责怪的对象。他们在称赞母亲比丈夫挣得多的同时,又责怪她没有照顾好自己的孩子;家里人在称赞母亲对公公婆婆好的同时,又责怪母亲不会与兄弟姐妹分享。我们一家能够过上这样的日子都是母亲的功劳,他们却说儿子患上抽动症是母亲的责任。当一位亲戚对母亲说"家里因为娶错了媳妇,才发生这么多不幸的事情"时,我忽然想到在韩国生为一个女人,注定要经历既耻辱又悲惨的人生。

想成为一个坏母亲很容易。尽管你冒着生命危险以自然分娩的方式生孩子,尽管你患上乳腺炎痛苦万分也要坚持给孩子喂奶,尽管你天天换洗婴儿的旧棉尿布,也没有人说你是好母亲,可当你因郁闷而短暂外出时孩子感冒了,人们就说你是自私的坏母亲。

相反,想成为一个坏父亲就不容易了。不管孩子怎么哭闹你照样可以睡大觉,奶瓶用过多少回了你可以一次也不消毒,孩子多少天没洗澡了你也可以不管,尽管这样也没人说你是坏父亲,可当你推着婴儿车在小区里转一圈,马上会被邻居誉为世上最慈祥的父亲。

女人在一百件事情中做错一件事就成为"坏母亲",而男人在一百件事情中做好一件事情就成为"好父亲"。试问这是正常的社会吗?

父亲常对喊累的母亲说:"不是我们一家这样,别的家庭都是这样的，甚至比你更累的女人也有的是。"父亲的这句话并没有错。看看周边的家庭还真是这个样子。前院的美容店老板娘自己一个人挣钱养育两个女儿。她家的老公从来不露面，只有在酒后到店里来跟老婆要钱的时候，人们才能见上他一面。学校后院的洗衣房老板娘家里还有一个患上阿尔茨海默病的公公，老板娘的老公平时看上去是个平易近人的先生，可一旦对老婆发起火来便抡起液化气罐砸向老婆。母亲在保险公司结识的女同事们，她们的老公大多是酒鬼、色鬼、赌徒。他们当然没有任何收入，可他们往往用家庭暴力来挽回自己的自尊心。在混账老公的胡作非为之下坚强地养育子女的母亲们，大多有同样难以启齿的苦衷。与之相反，在这个社会里很难看到男人吐露生活苦衷的情景。这是为什么呢？

在爷爷奶奶关系不和睦的家庭环境中长大的父亲，心里充满了无尽的不满和愤怒，然而长大成人以后他竟然也变成了与爷爷一样的人。有人说长辈的暴力会一模一样地传承到晚辈身上，这句话一点也不假。父亲学着爷爷掀翻饭桌、随意抛掷物品的模样而向母亲抛掷椅子、砸烂饭桌、打碎电视屏幕。母亲偶尔也发出抗议声，但唯恐子女们受到更大的伤害而立刻闭上了嘴。母亲这一辈子试图理解父亲并无微不至地照顾他，父亲却把母亲当成了自己的女佣。

母亲的抑郁症

我们兄弟俩高中毕业后相继离开了家。母亲心里虽然很难过，但对我们兄弟俩寄予厚望。她二十年来为养育两个儿子昼夜不停地劳累，现在孩子们都离家走了，夫妻俩该过安稳的日子了。但母亲又担心原本喜欢台球、钓鱼、围棋、高尔夫的父亲趁孩子们不在会像脱缰的野马，变本加厉地痴迷于这些娱乐生活。母亲的猜测一点都没错。

在外面，人们都说我父亲是好人中的好人。但我觉得父亲其实是个游手好闲、喜欢吃喝玩乐的人，而一辈子疲于奔命的母亲几乎没有什么特别的爱好。明知家里空荡荡的，可母亲除了这样的家以外没地方可去。一到晚上，母亲总是独自一人坐在电视机前，边看电视边吃饭，等待丈夫回来，然而常常没有等到丈夫回来便在沙发上睡着了。无尽的空虚与孤独终于使母亲患上了抑郁症。

我们打电话给母亲问她"你在干什么?",母亲的回答总是一句话"我在看电视"。若再问一句"你一个人吗?",回答仍旧是简短的一个字"嗯"。听到母亲的回答,我们既难过又愧疚,可又实在找不到更恰当的语言来安慰母亲。我既不能回到母亲身边,又不能为母亲想出一个看电视以外的消遣方式。母亲似乎察觉到了我的心思,未等我开口说话,就像久等了我的电话似的打开话匣子。似乎那是母亲为我一直藏在心里的话,如果今天不给母亲打电话,母亲的这些心里话也许会永远消失在她内心深处。

母子俩聊了好一阵儿之后挂断了电话,我的心情更加难过,"通话结束了,母亲又该陷入无尽的孤独之中"。很多事我是不可能知道的,但母亲却记忆犹新。"依稀感觉到的肚子里的胎动、好不容易哄我睡觉后的舒心感、因孩子发高烧而坐卧不安的深夜、刚刚学会喊妈妈的儿子迈着歪歪扭扭的步子走近自己的瞬间……"当一切依赖于自己的生命渐渐离开自己,母亲会是什么感受呢?挚爱的亲人离自己远去是一个残酷的事实,可自己不得不承认这一切,还要为他默默地祈祷,母亲又是什么样的心情呢?

把孩子养大以后,很多母亲都会患上抑郁症。几十年来追逐的人生目标一朝一夕之间消失不见,无尽的空虚、孤独和混乱同时袭来,使母亲的精神支柱顿时坍塌。实现自己愿望的机会被夺去的母亲们,将精神支柱寄托在对子女的教育上,这能责怪母亲们对子女过于执着吗?对她们来说能够体会成就感的唯一途径便是子女的成功,对这样的母亲,我们有什么理由嘲笑她们不会区分自己的人生和子女的人生呢?

母亲经常坐在昏暗且空荡荡的房间里回顾自己的人生。母亲的眼前突然出现一个可怜的女孩子,那是一个未能把握自己人生的女孩子,已经疲惫不堪的女孩子。

第二章

学习女性主义的男人

必须有深入人心的规则

我考上大学了。以前只在电视上看过的首尔灯红酒绿的生活，如今展现在我的眼前。我充满期待，心情跌宕起伏。离开学不远的2月中旬，我来到束草参加了在那里进行的新生训练。新生之间不冷不热的第一天很快过去，太阳西下的时候我们回到了宿舍。宿舍墙上张贴的《反性暴力自治条例》打破了陌生同学之间的沉默。有一位师兄向我们解释了条例内容。他的表情显示出他似乎比我们新生还要紧张。解释完了，他建议大家一起大声念一遍。

不准向不愿意喝酒的人强行劝酒。
不准强迫他人敬酒。
不准发生肢体接触。
不准开与性别有关的玩笑。
不准询问与个人隐私有关的问题。

不准对他人的相貌品头论足。

不准玩"霸王游戏"。

不准对新生说半语[1]。

宿舍严格按性别区分……

《反性暴力自治条例》陪伴了我整个大学生活。新生欢迎大会的会场两边也挂着写着这个条例内容的横幅，各种团体活动、庆典以及农村体验等活动开始时也要齐声朗读条例内容。根据活动内容和参加活动的人员的不同，筹备组会对条例的内容和表现形式进行若干调整，这已经成了活动准备工作的一项重要内容。每次举办活动，筹备组都要围绕条例的增加、删除、修订等内容进行讨论。实际上这是没有什么特别重大意义或必要性的举措，只是遵从上一个年级学长的习惯而已。集体活动必须做到让大家都愉快，不能让一部分同学感到不自在。这一举措在这方面也确实起到了积极的作用。大学就是这样，一切都按部就班，按照高年级学长们的规定、习惯来行事。通过这样的活动，我在脑海里渐渐形成了性平等意识和性别敏感性。

问题：路面上发现烟蒂该怎么办？

对这个问题的回答肯定是"捡起来扔到垃圾箱里"，

---

[1] 在韩语中，半语指含糊不清的语句，是一种不礼貌的用语。通常在与关系较为亲近的人交流时使用。

可真正弯腰捡起烟蒂的人却非常少见。懂得一个道理并不意味着人人都能践行那个道理。关键是将道德意识付诸行动的观念移植到人们的日常行为中。但也不能因此采取强制性的措施，强制性的措施只能助长虚伪的心态和做作的行为。该条例的内容没有什么新意，也没有什么独特的创意，只不过是些值得听一遍的语句，或是谁都能当作"必须遵守的条例"却没有人愿意去践行的"老生常谈"。当这样的内容以条例形式被规定下来并灌输到人们的头脑之中，便发挥了约束心理活动的作用，也给本应自由奔放、兴高采烈的活动气氛注入了某种强制力。同学之间不免会开一些没有恶意的玩笑，然而这种玩笑有可能被扣上"违反条例第××条"的帽子。

就像韩国漫画家崔圭硕的网络漫画《锥子》里的一句台词："就像撒在水里的渔网一样，不易看见的规则对权力却从来是宽容的。"教师打学生并不是因为不知道暴力行为是违法的，只是因为作为对付学生的比较简单的方法，很多人一直都那么做，打一两次也没人过问。随着《学生人权条例》[1]的出台，有了管制教师习惯性暴力行为的法律依据，老师们这才放下了手中的棍棒。没有这些条例的市、道（省）教育厅也开始察言观色。性暴力也一

---

1 《学生人权条例》是韩国全国17个市、道教育厅分别制定、发布、实施的旨在保障学生人权的条例。2018年京畿道、光州、首尔、全罗北道教育厅也相继发布了《学生人权条例》。

样,学校年年要求教师们签署"预防性骚扰事件责任书"。教师们迫于无奈都会签署,可签署的时候大部分教师都会露出不快的表情。有的教师干脆拒签,说"怎么能把我们教师当成罪人?"。然而不快归不快,这种不快感毕竟能起到让人铭记于心和警钟长鸣的效果,从而达到防患于未然的目的。

我倒是希望各部门都制定、宣传、强调类似《反性暴力自治条例》的规定。现在的学校,校门旁的巨型石碑上一般都刻有流于形式的口号似的校训,我觉得不如刻上有益于创造和谐生活的具体规则,或者挂上反映《世界人权宣言》《学生人权条例》《联合国儿童权利公约》内容的标语。对此也许有人会冷嘲热讽,可我觉得这些都是人人必须遵守的规则,必须让人们经常看到,使之深入人心。只有这样才能使所有规则长久化。因为我们建立国家、形成共同体的目的就是让大家在没有排斥、没有歧视的世界里共同生活。

性暴力事件是如何发生的

　　大学时期，我们学校发生过两起性暴力事件。K教授事件始于2001年10月。加害者K教授在一次师生聚餐上调戏并性侵了一位女研究生。校方为了掩盖事件真相，急忙删除留言板上的告状信并追查了张贴告状信的人。不仅如此，校方还肆意污蔑被害者的品行和人格，甚至制造出"一位对晋升和人事安排心怀不满的教授在背后唆使被害者"的阴谋论。直到次年1月，校惩戒委员会才出面给K教授了下了惩戒令。而那个所谓的惩戒令也不过是流于形式的"停职三个月"而已。

　　2003年安息年[1]后复职的K教授再次对被害人下手。对此，学生会进行了罢课并向媒体举报，校方则依据上次事件后出台的《关于预防、处理性暴力、性骚扰的规定》

1　古代以色列人每隔七年过一次的节日。——译者注

向惯犯 K 教授下了解聘通报。原以为这次 K 教授逃脱不了严惩，然而由于教育部教师惩戒重审委员会（以下简称"重审委员会"）接受了 K 教授的求助，再次以改为"给予停职三个月的处分"结案了。

在人们的愤怒尚未平息之际又发生了 H 教授事件。这是在一场学术考察活动中发生的性骚扰事件。在 K 教授事件中成立的"两性平等性别问题咨询室"受理了这个事件，校方成立了由学生、教职员组成的"事件处理工作组"。事件发生两个月后，H 教授受到了免职处分。然而，因正义的伸张而兴奋的人们没过多久便再次失望了，重审委员会又为加害者开了后门，人们纷纷谴责重审委员会是性犯罪者的救助机关。随着被害者提出控告，检察院也介入了调查。通过反复调查，校方再次对 H 教授做出了免职决定，此次，重审委员会也同意了校方的决定。回想这两起事件，总让人觉得汗毛竖起，脊梁骨发寒。H 教授事件是发生在我们系里的事情，更是令人毛骨悚然。

十多年后的今天，对性暴力加害者的事后处理仍然没发生什么改观。他们利用权力和地位实施性暴力，而事件发生后相关部门又对被害者的控告置之不理，急于掩盖事实真相，试图息事宁人。如果舆论对自己不利，他们则辩称此举并非有意为之并假惺惺地做个道歉来逃避责任。如果司法处罚降临，他们则采取各种卑劣的手段垂死挣扎。他们以被害者的穿着、嘴唇颜色、人际关系来诬陷她们是本来就不检点的女人,过度夸大被害者所属的群体,说被害者是整个群体的"耻辱"。通过这些荒唐的举动,渐渐占上风的加害者又以威胁性的言行向被害者提出和解。而由中年男性组成的法庭则大量采纳加害人的证词,对加害人只做轻微的处罚。如果此等处罚实在难以平息舆论的谴责,法庭才会做出能够让市民接受的判决。

然而这种极其艰难的过程,也需要被害者自身拿出勇气才能变得可能。在调查过程中被害者要重复叙述想都不敢想的恐怖瞬间,有时还要受到来自调查官的第二次伤害。被害者直接面对加害者的事例也不胜枚举。如果事件是在单位内部发生的,被人戳脊梁骨的往往不是加害者而是被害者。因难以承受巨大的精神压力而采取极端措施的事例也时有发生。在性犯罪上亲告罪规定被废止、量刑也进一步提高的今天,性犯罪仍旧有增无减。这就需要国家采取根本性的解决措施,尤其是在教育方面。

善良的女人能上天国，可不良女人无所不至

前辈师兄师姐们开始谈恋爱了。他们都是一直相处得很融洽的师兄师姐，也是我十分羡慕的师兄师姐。有几次我开玩笑地称一位师姐为嫂子，不料师姐一本正经地对我说："我不喜欢有人叫我某男的什么人。我知道你这是在跟我开玩笑，但在无心的玩笑中也多少包含着把我们女人当成依附性存在或者是次要存在的意思。劝你往后别这么称呼我。"

我立刻向她道歉了。师姐送给我韩国女性学教授郑熙珍写的《女性主义的挑战》一书，还特别嘱咐我认真读一遍书中的"语言与性别歧视"部分。那是一本读起来令人头晕目眩的书。读着读着，我感觉头脑中原有的想法一个一个被击溃。原来我们平时的很多语言表达都把男性界定为人类的基准，无意间说出的语言大部分含有性别歧视

的意思。人们给罗丹的雕塑作品取名《思想者》,可为什么给安格尔的油画作品取名《瓦平松的浴女》呢?为什么称柳宽顺[1]为"姐姐"而不是"烈士"呢?为什么"男婴就生下而女婴要打掉"的重男轻女的陋习不叫"重男轻女的恶习",而叫"重男轻女的思想"呢?……诸多疑问接踵而来。"破鞋"的贬称为什么只针对女性呢?为什么只有"女子高中"而没有"男子高中"呢?[2] 很多类似的词语一股脑儿地浮现在我的脑海里。

  我对女性主义的关注就是这样产生的。我觉得学好女性主义就能解释母亲含辛茹苦的一生,而这恰恰成了我开始对女性主义感兴趣的支撑点。

  文科大学庆典前夕的一个夏日,围绕是否应该恢复男扮女装活动的问题,前辈学长们争吵了起来。反方主张不能把女性性物化,指出对女性的性物化是性别歧视的一种表现;正方认为这不过是一种趣味活动而已,没必要做出过于敏感的反应。反方认为将庆典舞台上的女性形象刻画为大胸和浓妆的想法是十分不当的,指出在连韩国小姐选美比赛也因性物化而变得有名无实的今天,大学校园里竟搞什么男扮女装的活动,简直岂有此理。他们还提出以

---

[1] 柳宽顺,1902—1920,朝鲜半岛女性独立运动家,三一独立运动殉难者。——译者注
[2] 郑熙珍:《女性主义的挑战》,教养人出版社,2005年。

夸大女性性特征为目的的这种活动显然是性别歧视的一种表现形式。更有人宣称决不容忍肆意点评女性身体（女性化的身体）的行为。

想起几天前跟几个男同学坐在草坪上议论来回走过的女生相貌的情景，我心里很不安。她腿太粗，她鼻梁不高……当时我们毫无责任感和罪责感地议论女生的外貌。在没有女生的酒桌上，男生们会竞相吐出淫词秽语。有一个男生向恋爱中的同学问"进展"情况，被问的同学则炫耀般地讲起男女之间的事情。当时我真的不知道这些也属于性暴力范畴，反倒认为谈论这些话题说明已经长大成人了。那时的我不仅道德意识很差，连一丁点的性别敏感性也不具备。

别看年轻人很厌恶上一辈人总是用他们的眼光来看待现代年轻人，可在某些场合我们年轻人的固执与他们的古板没什么两样。在正式场合盛行"随意讲垃圾话"不过是两三年前的事情，在男女雇佣平等法里增加"性骚扰"条目也不过是十九年前的事情。在那之前，女性连表达心中不悦的权利也没有。最近在韩国社会，性别敏感性有所提高，应该说这是在女性主义拥护者的努力下"女性主义重启"[1]的结果，而不是社会成员道德情感或宽容水平提高

---

1 研究大众文化的女性主义者孙熙正将2015年出现的女性主义运动的新潮说成"女性主义重启"。孙熙正:《女性主义重启》，木笔出版社，2017年。

的结果。世道变得好多了,可这个世道变坏是一瞬间的事情。对世间万事充耳不闻的人,会成为人见人烦的人。若不想被淘汰就应该勤思考、勤观察。

由男扮女装活动开始的学长们的争论延伸到对女性主义的争议。对女性主义的争议是由对"女性主义的狭隘性和封闭性"的争论引起的。否定女性主义的一方认为"女性主义过于封闭",主张"女性权利固然要得到保障,可更重要的是全体劳动者的权利得到保障";支持女性主义的一方认为"先向和平运动家和环保运动家提出与劳动者联合的倡议",驳斥他们"对女性主义者使用过于苛刻的标准"。支持女性主义的一方还向另一方提出"你们总说劳动解放,你们所说的劳动到底含不含女性的家务劳动?"的质问,指责他们对占人类一半的群体(女性群体)的偏见和无知。争论结束了,男扮女装的活动也未能重启。

女性主义是从客观角度看待现实的工具,帮助我们以全新的眼光去看世界。女性主义还赋予我们认识并改变不合理的社会现象的勇气,使我们向往没有忍耐和牺牲、没有让步和放弃的生活。女性主义使我们认识到无须忍让、错不在己的道理。所以说女性主义对男性也是非常有用的,它可以把男性从力量和勇气、意志和克制的狭隘的圈子中解救出来。女性主义鼓励那些爱哭、话多、软弱的男性勇敢地站起来,告诉人们那些无奈之下去参军的、被迫担起约会费用和购房费用重负的、因身材矮小或生殖器短小而气馁的男人并不是"泡菜女",而是"父权制"下主角的事实。如果了解了这个事实,男人的生活也会变得更加自由。

很多人以电影《下女的诱惑》中的一句台词"你是来毁我一生的救援者"来解释女性主义。觉醒是一件很痛苦的事情。砸碎锁链走向狂野的路程既自由又艰难。然而一旦觉醒过来就再也不会回到过去,脚下的路再艰险还是要向前迈进。就像俗语"善良的女人能上天国,可不良女人无所不至"一样。

看似严谨的家长制下卑劣的阴影

大伯母在奶奶家当了二十多年的长媳，长期伺候我奶奶，甚至有一段时间还跟我曾祖母一起生活。大伯母一边上班一边养育了两个儿子。大伯母的娘家在全罗南道长兴郡，离婆家所在的江陵市有六个小时的车程。据大伯母二十八岁的儿子讲，他过年过节的时候从来没去过外婆家。大伯母难道没有父母姐妹？难道不想念娘家的父母姐妹？我问过大伯，春节或中秋节时，有没有意向去岳丈家过一个节日，大伯的回应只是一丝苦笑。上岳丈家过节，那是体贴老婆的行为，可如果长媳不在，家里的两位老人又该怎么过节？

2018年春天结婚的堂婶中秋节那天第一次来到婆家过节。堂叔和堂婶都是上班族，夫妻俩下班就连夜驱车赶往婆家。到了婆家已经是凌晨时分，夫妻俩都累得要死。作为儿子的堂叔进屋就倒下睡觉了。可作为"刚过门"的儿媳，堂婶来不及喘口气就围上围裙在厨房忙起来了。她一脸疲惫地与不怎么熟悉的妯娌们坐在一起做起了糕点。天刚亮她们就开始摆祭祀祖先的供桌，祭祀完毕就得忙着给大伙儿准备早餐。堂婶看餐桌旁没有坐的地方，便蹲在厨房一角小憩。不料这时又来了一些客人，堂婶不得不又给他们摆了一桌。不少人是特意来看一看刚过门的新媳妇，可他们的到来反倒给作为新媳妇的堂婶增添了负担，害得她根本没空儿离开厨房。

我们家跟他们没什么两样。自从曾祖母去世以后，我们只有爷爷这辈以下的亲戚聚在一起过年过节。届时，包括爷爷奶奶，大姑、小姑、小叔各家，足有二十多人来我家。然而给他们做饭的人只有我母亲和小婶。自以为是堂堂男子汉的弟弟对此根本不闻不问，上高中的小叔的大女儿也对此视而不见。意欲帮她们忙的只有我和小姑的女儿，然而我们也帮不上什么忙，只是打扫或跑腿罢了。

问题是我们干活儿时其他人做出的反应。我不干活儿，谁都不会说我什么。煎糕点的香味飘荡在屋里，叮叮当当的碗筷碰撞声响个不停，在家务劳动的风暴中我仿佛成了一个透明人。菜肴摆上桌了，我帮忙摆放碗筷的时候，坐在电视机前的人们就开始议论起来了："男人怎么能干这种活儿呢""乘范真是个模范丈夫""年轻人就是不一样""真是好样儿的"……

可对同样帮忙的小姑的女儿却谁都不理睬，没给她添上端水端茶的活儿就不错了。似乎这是她应该做的,似乎女人就是为厨房的活儿而诞生的,眼前的情景再自然不过了,自然得令人浑身起鸡皮疙瘩。如果小姑的女儿稍微有空儿坐在沙发上摆弄会儿手机,他们的话匣子又打开了:"智妍想要嫁人是不是该练习练习呀?""会炒菜吗?""以后要想讨得婆家的欢心,就得趁这个机会修一修新娘课程。"……他们就像发现偷懒员工的老板,喋喋不休地对她训话。

"饭后由爸爸和小叔收拾饭桌怎么样?"我忍无可忍地朝爸爸说了一句。不料我的这句话竟使屋里鸦雀无声,气氛一下子陷入死寂之中。听到有人发出尴尬的干咳声,母亲捅了一下我的腰。然而,场面并没有因为我的一句带刺的话而改变,没过多久又恢复了原来的氛围,男人们还是围坐在餐桌边,餐桌上摆着以牺牲女性的劳动换来的丰盛的美食。这是看似严谨的家长制下卑劣的阴影,是戴上家族之爱面具的极其不和谐的家庭生活。作为男儿的我在他们眼里是金凤凰,而作为女孩儿的智妍不过是鸡窝里的一只土鸡。在这一点上即使不是节日也一样。如果男孩子帮助母亲收拾碗筷,人们就说"我儿子娶媳妇后必定会成为好丈夫",而绝不会说"我儿子可以娶媳妇了"。相反,如果女孩子收拾碗筷,人们就说"我女儿可以嫁人了",而绝不会说"我女儿会成为一个好媳妇"。男孩儿、女孩儿同样做收拾碗筷的活儿,对男孩儿来说是"高配条件",

对女孩儿来说则是"必备素养"。如果我们的祖先看到这个现象会怎么样呢？他们会不会说"这是理所当然的"呢？

不知听到那几声干咳以后父亲是不是有所触动。几年前的春节，父亲主动请缨领着我和小叔收拾了饭后的碗筷。当时父亲还假惺惺地说"饭后的事情由我们男人包下来，你们女人就好好休息吧"。就用这么一个举动，父亲给自己的脸上贴满了金箔，然而那是他的第一次，也是最后一次。

我一个朋友的父母家里，父亲比母亲还会做家务活儿。那个朋友的父亲为休假的儿子做九折板盒饭[1]的事成了街坊邻居谈论的佳话。那个朋友的父亲退休以后开了个小吃部，可过年过节的时候碍于旁人的目光连一根手指头都不动弹，全部由朋友的母亲来张罗。平时从未出现在厨房的某男在节日里当着众人面假惺惺地做出洗碗的样子，而平时包揽所有厨房活儿的某男一到节日就端坐在沙发上什么都不做，甚至还叫女人给自己端上果盘。从表面上看这是完全相反的两个例子，可在本质上两者同出一辙。女性做家务活儿是日常生活，而男性家做务活儿只不过是仪式而已，有时是作秀行为，有时是骗人行为。

---

[1] 韩国传统餐食，一种分成九个小格子的午餐盒，中间的格子里放入烙饼，周围的八个格子里放入各种菜肴。——译者注

因为男人不懂女性主义，所以需要学习

我有一位经过三次高考才入学的师姐。她是釜山人，由于父亲以家族状况为由不让她去首尔念书，所以她只好报考地方的国立大学。她虽然心里不快，但无奈之下还是念了一年。第二年，弟弟考上京畿道私立大学，她便愤愤不平地重新考了一次。她的父亲只给儿子投资，对女儿考什么大学则不闻不问。给儿子投资也不是因为儿子的学习成绩有多么好，只是因为他是儿子才投资。"都什么时候了还会发生这样的事情！"很多男同学惊讶不已。可其实一路顺风到首尔来念书的女生没有几个，不是父母反对，就是爷爷奶奶或别的亲戚跳出来横加阻挠。因为是女儿所以没能走出山沟的例子一个接一个地暴露出来了。

时间过得很快，转眼我已经告别新生，成了新生的师兄。新生中有不少使我怀疑自己智商的师弟师妹。我经

常暗访他们的赛我网[1]，是的，不是推特，也不是脸书，是赛我网。我发现有一个每次发文都被网友分享或转发的优秀师弟在第二学期加入了女性主义学会。他在网上公开透露自己参加女性主义学会的事实，并经常与会员们一起读书、讨论、看电影，甚至还为参加女权电影节逃过课。说实话，当时我还真无法理解一个男生怎么还能和女性主义扯上关系。当我问他"你又不是女生，哪来的什么女性主义"时，他回答道："因为男人不懂女性主义，所以需要学习。"

我茅塞顿开，学习女性主义的想法油然而生。"不懂才需要学习"这句话久久回响在我的脑海里。别人的事可以不闻不问，但也可以去学习嘛。

通过学习，我发现女性主义是一门博大精深的学问。女性主义学问里包含着几千年来传承下来的矛盾和陋习，还有几千年来积累下来的知识，包括文字、图片、影像等不计其数的资料。我在图书馆翻阅了有关女性主义的书，也订阅了女性主义杂志《如果我是你》（*IF*）。冬天，我还到附近的女子大学毕业作品展上观看了女性主义电影。随着学习的深入，我不止一次地感觉到了自己的无知。

在大学里，我和七名同系的师弟住在同一个宿舍。我们共同感受着离家的孤独，自由和谐地共处了一段时

---

[1] Cyworld，韩国最大的社区网站。——译者注

间。有个师妹在学校后门处的咖啡厅打工,她一般工作到晚上十点。师妹说自己回宿舍的时候走在黑暗的胡同里两条腿就不停地发抖,十分害怕,于是我们决定每天轮班去接她回宿舍。那一天轮到我去接她回宿舍。在路上师妹问我:"师兄,你有没有害怕的东西?"

"嗯,别的不怕,就怕鬼。"

"我最害怕男人。尤其是半夜跟在我身后的男人。师兄,我劝你如果看见前面有女生走路,你就停一会儿再走吧。"

"……"

我心里有所不悦。我无法理解对我这样善良的人,师妹为什么说这样的话。最近男性都在呼吁"不要把我们看成潜在的加害者",难道师妹也把我当成潜在的加害者?不能说跟在女性后面走的男性都是犯罪者,可走在前面的女性一般都怕身后尾随的男性。从男性的角度看,心里也许有所不悦,可从女性角度看,对身后男性的戒备是合情合理的。因为很难判断身后的男性到底是警察还是连环杀人犯。有危险先躲避,这也许是没有尖牙利爪的人类能够生存下来的秘籍。

据警察厅统计,在韩国十名暴力犯罪被害者中有九人是女性。[1] 与加害者、被害者均为男性占多数的其他国

---

1 朴惠林:"没完没了的女性惨死案,十名暴力犯罪被害者中有九人是女性",《前瞻经济报》2015年9月15日。

家相比，这是一个惊人的数据。也许是出于这个原因，也有不少男性把同类男性看成潜在加害者。给女性买护身用喷雾剂的心情、担心女性酒后失去知觉的心情、担心女性夜间搭乘出租车的心情就是这样，对晚归的妹妹、女儿、妻子发火的哥哥、父亲、丈夫的心情亦是如此。"男性不一定都是潜在的加害者"这句话实际上就是"我不是那样的人"的意思。也许今晚仍有数万人面临恐惧，可在他们面前辩称自己是清白的，这样的态度就是可取的吗？如果用证明自己清白的时间去感受和观察他人的伤痛会怎么样呢？船一旦摇晃，船上的人都会跟着摇晃，你一个人不可能保持稳定姿势。作为一个个体，我本人也许是清白的，但身体结构上作为男性的我还是可能成为加害者。

同一个宿舍的另一个师弟是电影评论家心影涉[1]的粉丝。他从高一开始喜欢读心影涉对女性主义的分析文章，算是较早涉足女性主义的师弟。他一听说我也对女性主义感兴趣，便给我看了心影涉对电影《实尾岛》的一则短评。那是《实尾岛》在韩国电影史上首次突破一千万韩元票房从而深受韩国国民关注的时期。短评最有意思的地方是以"圣女—娼女"的角度分析电影中女性形象的部分。

---

[1] 原名金秀芝，韩国心理学家、电影评论家。因涉足于心理学与影视圈而自称"心影涉"。——译者注

影片从头到尾只出现了两个女主角，为儿子牺牲一辈子的母亲和遭军人强奸的护士。心影涉在影评中说了这样一句话："在男人的心目中，女人只有两种，即能够照顾男人的'圣洁女子'和能够随意被玩弄的'性感女子'。"看到这一绝妙的句子，我不禁拍了一下大腿。

对于这样一部突破一千万韩元票房的影片，人们的评论也多种多样。有人说它是一部彰显男人暴力美学的电影，也有人说它是一部描写时代悲剧的电影；有人为权力的残酷性而愤怒，也有人为国家的分裂现状感到悲哀。然而，在那么多的影评中却很难找到像心影涉那样指责电影物化女性的文章，于是我提出了这样的问题："强奸护士的那个人不是被枪毙了吗？还有比死刑更严酷的惩罚吗？既然把那个恶棍枪毙了，那么也就算不上是不尊重女性的电影。"结果我被他们狠狠地叱责了一顿。我很想用符合逻辑的语言去反驳，可脑海里还没有形成完整的反驳依据，因为刚入门研究女性主义的我还没有达到那个深度。

"贝克德尔测验"是一种电影评分指标，是由美国漫画家艾莉森·贝克德尔于1985年为考量电影中的男性偏向性而发明的。"贝克德尔测验"包括三项指标：一是电影中必须出现两名以上有名有姓的女性，二是她们之间必须有对话，三是必须有与男性无关的对话内容。只有同时满足这三项指标，电影才能通过贝克德尔测验。2016年，二十三部韩国电影中通过贝克德尔测验的电影只有七部[1]。由此来看,《实尾岛》是这三项指标中连一项也没有满足的电影。我真后悔,要是早知道贝克德尔测验,早一点了解《实尾岛》的内容和女性主义的内容,那天我也不至于被他们叱责得那么惨。

我在男子高中时期的一位老师说过:"真正的友情只有在男性之间才有可能产生。"电视剧里也常说:"男女之间没有友情。"我初次受聘的那所学校的前辈老师也说过:"对女人不要想得太多,只要拥有一个属于自己的女人就行,所以要好好巴结男性前辈。"三十多岁的今天,我还真不相信他们说的那些话。经常联络的朋友当中,偶尔见面的朋友当中,因红白喜事互相打招呼的朋友当中,还是女性朋友比男性朋友多。有一百个人就有一百个特点,更有一百种关系。就我的情况来说,提醒我放弃偏见的老师、开拓我视野的朋友中大部分是女性。把自己圈在篱笆墙里就会失去很多学习的机会。对群体生活的人类不可能一概而论,在男女有别的性别的二分法前提下则更不可能。

---

1 罗远征、张盛兰:"2016年韩国电影女性们,你们好",《中央日报》2016年12月31日。

以前是师生，现在是同志

　　2012 年我担任班主任的那个班的一个女生 A 对亚文化[1]非常感兴趣。她正义感强，道德观念也比较高尚。她是个善于言表的女生，看她是个很有信念的女孩儿，我便断定她一定会喜欢女性主义，于是我把我最钟爱的书《女性主义的挑战》送给了她。不出我所料，那个学生很快成了狂热的女性主义者，如今与一位同样是女性主义的男友甜甜蜜蜜地谈恋爱。A 上大学以后有一次给我打电话说对生活中的某些事情感到非常苦恼，于是我又送给她一本作家睦秀正写的书《既要自由又要政治的人》。没过多久 A 再次打来电话，说读完那本书以后自己眼前的迷雾已经散去，表示要坚持走既定的人生路。以前的师生如今成了志

1　亚文化：与某一社会的主流文化不同，像嬉皮士那样的特定团体内产生并发展的独特文化现象。

同道合的同志。

学生 B 是一位眼睛特别明亮的女生。她虽然爱脸红，不怎么健谈，但也有坚毅的一面。看到她将模拟试卷里的小诗《小厨房赞》剪下来珍藏，我便送给她诗人文贞姬的诗集。她认认真真地读了一遍并说读完《曾经那么多的女生如今你们在何方》《女儿啊，谈恋爱吧》《我的妻子》等诗后认识到了女性主义的本质特点。不久前看到我在报纸上的访谈录，她兴奋之余还写了一封很长的邮件发到我的邮箱里。我把那篇长文的最后两句话一直保存在手机记事本里："路途曲折艰险，您千万不要累倒。记住，那条路上还有我跟您同行。"

学生 C 是和我一样的"男性女性主义者"，他从高中开始对青少年人权团体"罗汉柏"情有独钟，热衷于阅读该团体的期刊《新事物》。C 原来喜欢读诗，不知什么时候又开始写诗，还获得过诗坛的新人奖。目前他以大学生的身份召集女性主义者聚会，积极开展女性主义活动。他们的活动不限于读书、讨论，他们将活动重点放在实际行动上。C 在社交网站上也很活跃，在网站里经常以文字形式发表自己的见解。他用渐渐成熟的逻辑和日益增强的功力向陌生的朋友们送去热情的支援。我从这些同志的身上再次感受到了"青出于蓝而胜于蓝"的含义。

第三章

老师，周末您去过江南地铁站吗?

如果我不保持沉默

我几年前任教的是一所教育水平较高的学校。学校不仅自己编纂报刊资料集,还积极鼓励教师在课堂上使用教材以外的课外读物。为了满足那些充满求知欲的学生,我也到处搜寻相关资料讲给学生们听。这里面当然包括有关女性主义的文章,其中最常用的是网络杂志《伊尔达》[1]里的文章。我的讲座在女生班比较受欢迎,在男生班会时不时地听到一些抱怨声。我认为世上还有很多我们尚未知道的观点和主张,于是尽管有些学生感到不适,我还是继续推行下去了。这就是我当时一个非常单纯的想法。

2013年7月,极力标榜"男性人权团体"的男权团体代表成在基去世了。那是在为募集活动资金举办的跳入汉江表演中发生的悲剧。他的死点燃了那些自认为受逆向

---

[1] 韩国女性主义网络杂志。——译者注

歧视的男人的怒火。成在基生前发言的影像迅速传开,社会氛围从追悼转变为推崇。甚至有人开始把他与全泰壹[1]相提并论。

紧接着"怎么会拿成在基与全泰壹相提并论""不要侮辱全泰壹"的文章出现在脸书上。文章指责他们荒谬的主张,批判他们与时代背道而驰的认识。平时追随成在基的男生们也开始留言,指出我不久前说过的话和发表的文章,吐露因我的言论而受到的委屈和感到的不满。我的情绪也激昂起来,于是我也用犀利的文章一一回应了他们的留言。

第二天开始,进入教室成了我心中的负担。十多名学生对我的讲课没有做出任何反应,教室里死气沉沉的气氛一直持续到年末。那年进行的教师评价问卷调查,学生对我的评价是一片谩骂。直到那些学生毕业我都没有改善与他们之间的关系。我度过了几个月郁郁寡欢的日子。从此以后我不敢在课堂上讲女性主义,也没有继续读女性主义的书。我被调到女子高中以后也没有从畏缩中解脱出来,仍旧处于沉默状态。我这样的生活一直持续到2016年5月17日。

2016年5月17日江南地铁站发生了一起杀人案。那是一起令人毛骨悚然的案件。罪犯将被控制在公共卫生间

---

[1] 韩国劳工运动代表人物,1970年11月在一次示威活动中高喊"要遵守劳动法!我们不是机器!"的口号之后自焚而亡。——译者注

的六名男性放走以后，杀害了第七个人，那是第一个进入卫生间的女性。罪犯被捕后说是因为女性蔑视自己才行凶的。可随着调查的深入，人们发现事实上蔑视他的不仅仅是女性。罪犯认为来自男性的蔑视可以忍受，来自女性的蔑视却无法忍受。我在想，那个人是不是把女性看得比自己拙劣呢？我在学生面前也在无意中开过把女性对象化的玩笑，那么那个罪犯是不是在上学期间也曾遇到过像我这样的老师呢？是不是那个罪犯的身边只有贬低女性的朋友或把女性看成性对象的朋友呢？是不是这些相似的经历积累起来，最后形成了他扭曲的人生观呢？

周末民众自发举行了悼念活动，我也来到了江南地铁站十号出口。那里已是人山人海，人们流着眼泪在案件发生地献上鲜花，写下悼文。本应是很肃穆的场合，不料从一个角落里突然传来了一阵吵闹声。原来那里聚集着二十多个"日佳网站"（www.libe.com）的会员。不知对什么反感，他们发出咻咻的笑声，嘲笑前来吊唁被害者的人们，他们有的在拍照，有的在喊叫，有的在直播。主办方要求他们退出吊唁场所，可他们拒绝退场，说"我们也是来吊唁的"。互相对峙了一段时间后，双方派出代表进行了谈判。

"看现在的氛围好像不是悼念活动。这纯粹是辱骂男性的会场。我们是前来指责这种现象的。"

"那你们认为真正的悼念活动应该是什么样的？"

"应该是以悲伤的心情安安静静地为被害者的亡灵

祈祷。"

"日佳网站"方面装出一副既被动又消极的受害者样子。这是与当年保守派用言论抨击"岁月号沉船事故"[1]遗属同样的语气——被害者只能感到悲伤和无助,不许愤怒,也不许要求揭示真相。

双方的嗓门变大了,有些人喊累了就发出了哭声。眼看势态马上要演变成冲突,警察却只是站在一旁看热闹。有一个看似是负责人的男子走过来问警察:"能不能先让那些会员暂时离开这里?"

警察摇着头答道:"他们没有不法行为,我们也没什么办法。"

负责人虽然很恼火,可一时找不着什么好办法。直到数百名吊唁者写悼文、流泪、献花、游行等的悼念行为结束为止,"日佳网站"的会员们都一直没有离开江南地铁站。

我怀着沉重的心情回到了江陵市。几天后班里的一个学生问我:"老师,周末您去过江南地铁站吗?"他们有的说在优兔上看到了我,别的班的学生还说我是"美加利"[2]。我心里一沉,心想:"该发生的到底还是发生了"。

---

[1] 2014年4月16日,载有476人的"岁月号"客轮在韩国西南海域发生浸水事故而下沉。截至2017年5月18日,172人获救,296人确认遇难,尚有8人下落不明。

[2] Megalian,韩国激进女性主义在线社区,这里指的是"激进的女性主义者"。——译者注

为什么不敢说是仇女犯罪？

　　江南地铁站杀人案本身就已经足够惊世骇俗了，可后来社会各界对案件的评论更令人瞠目结舌。有些媒体竟然以犯人的履历为依据试图为其作辩护。他们从同情犯人的角度说犯人本应成为一名神职人员，可来自女性的蔑视使得他产生被害意识以致走上了犯罪道路。多数男性对这起案件所做出的反应则更荒唐。这起案件使大部分女性陷入极度恐慌之中，认为"死的也可能是我"。可女性的这一恐惧感在男人们的心中并没有引发共鸣，他们反而认为公众把善良的男人当成潜在的加害者，为此愤愤不平。在我教过的学生当中不免也有跟他们持有相同观点的学生。我不禁自责，没有尽到作为一名教育工作者的义务和责任，应该说我也是加害者之一。

　　不可理喻的奇谈怪论接踵而来。警察在案发当天就做出了"间歇性精神病患者因不能控制自己的行为而发生的杀人案"的结论。犯人"因被女性蔑视而杀人"的供词以"不能控制自己的行为"为由被驳斥了。就这样,"间歇性精神病"成了犯罪的动机和驳斥犯人供词的依据。犯人因 A 理由杀了人,而其供词却因 A 理由而不能成立,这简直是一场从源头上阻断所有论点的诡辩。

当我在键盘上敲击讽刺他们双重标准的文字时,我不禁为自己一直保持沉默的日子感到无比悔恨。有人将我以激烈的言辞写下的文章上传到脸书上。由于那个人把我的真实姓名以及头像同时上传到网站上,几十个人的辱骂也同时出现在我的留言板上。对于他们的辱骂,我一一做了回复。我觉得这样做多少能减轻我对过去的沉默而产生的悔恨之意。我的回复再度被上传到那篇文章的留言板上。在辱骂我的人当中,我还发现了当时因成在基的观点而与我争得脸红脖子粗的那个学生的名字。

小儿精神科医生徐天锡曾提出过间歇性精神病反映时代走向的观点。他指出江南地铁站杀人案是仇女心理发展为精神疾病的征兆,因此要充分认识问题的严重性,适时进行结构性改革和意识改变。然而,徐天锡的这一观点被相关部门置之不理。

这就不能不令人怀疑,"难道警方是怕事情闹大,有意要捂盖子吗?"如果有一个白种人藏在卫生间里要杀害黄种人,他先放走前面进来的六个白种人后再杀害最早进来的黄种人,如果白种人罪犯说杀人动机是因为黄种人蔑视自己,在这种情况下他们还会说那个白种人患有间歇性精神病,因此杀害黄种人并不是因仇视黄种人而为的吗?目前韩国尚未确认仇视他人罪,那么警方是不是为了远离舆论的风口浪尖而有意回避呢?如果把案件定性为"仇女杀人案",那么定将发生一系列的连锁反应,所以警方没有自信面对这些连锁反应?一连串的问号浮现在我的脑海里。

如果把案件定性为"精神病患者因不能控制自己的行为而发生的杀人案",那么整个事件便以对嫌疑人的惩罚而宣告结束,社会也没必要倾注更多的精力,顶多提出一些"进一步做好对间歇性精神病患者的管理"之类的对策。江南地铁站杀人案发生以后确实出现过这种"轻描淡写"的迹象。如果把案件定性为"仇女杀人案",结果会怎么样呢?毫无疑问肯定会发生一系列连锁反应。电视节目会以"仇女行为"为主题展开激烈的争论,还会召开听取社会各界意见的听证会;开设搜集全体国民意见的频道,相关部门的领导还要召集碰头会讨论相关对策;委托各专家组在自己所负责的领域进行对社会现状的分析,各部门发公文对基层所属团体进行实地调查;国会将制定性别歧视禁止法案,国会立法调查处将仔细分析现行法律各项条例的违法因素;企业将对雇佣、晋升、薪酬等人事部门进行一次自我检查,教育界则对将性平等教育和性认知教育纳入小学、中学教育过程的主张进行认真的探讨。

震惊社会的案件过后将发生上述的诸多事情，这对制定和推进政策的人来说显然是件麻烦而棘手的事情，但这些事情的发生也是为建设更好、更和谐的社会做出贡献的过程。案发现场的那个负责人当时显然是怕自己的判断引起更大的社会波动而没有继续向警察提出驱逐"日佳网站"会员的要求。我认为正是因为明哲保身，那些人错失了提前几十年实现性平等社会的机会。致使比普通人犯罪率低很多的精神病患者遭受了无端打压[1]。

---

1 据大检查厅 2011 年《犯罪分析》报告，精神病患者的犯罪率（0.08%）为非精神病患者犯罪率（1.2%）的十五分之一。

同志不见踪影，只见"日佳"旗帜飘扬

奇怪的事情接二连三地发生了。游戏公司尼克逊（Nexon）的一位配音演员购买了资助脸书"美加利4"网页的T恤，结果被公司解聘了。正义党文化艺术委员会从侵害劳动权的角度批评了这次解聘事件，然而该委员会却因为"庇护美加利"遭受了全体党员的强烈抗议，甚至有不少党员以此为由宣告集体退党。根据大数据分析男性愤怒心理的《时事IN》周刊也经历了一场大规模的拒读风波。要求终止猎巫行动的各进步派媒体也吃了不少苦头。一直被男性读者们所信赖的《同一民族》《京乡新闻》《时事IN》《家庭新闻》《推进报》等也遭受来自众多男性"没想到这些刊物也会这样"的质疑。没想到，一直以进步、多元立场去看待社会性议题的他们，对弱者的伤痛产生共鸣、与社会各界人士荣辱与共的他们，居然也持这样的态度。

一直以来共享同一个理念、同一个思想的他们，面对我们社会的仇女现象和女性主义存在的必要性，不应以"一直信赖的××刊物也这样"为由做出取消订阅、撤回支持等轻率的行为，而应站在客观角度上反省一下错误的一方是不是自己。从自身找问题的症结这件事难道真的那么难吗？难道他们是连客观看待自己也做不到的人吗？难道他们一直标榜问题意识和批判思维只是因为自己不属于经济层面的既得利益者吗？回看周围，同志不见踪影，只见"日佳"旗帜飘扬，难道这就是他们所期盼的结局吗？

"现在的年轻人没有吃过苦，所以既没有激情也没有韧劲。这世上哪有唾手可得的事情？要想找工作就必须多加努力。"对老一辈的这些话不顾情面地予以反驳的人，现在却说："她们干活儿一点积极性都没有。她们没有参过军，所以没有忍耐力。只做自己想做的、喜欢的事怎么行？该加班就加班，该去参加聚餐就去参加。做不到这一点，所以她们不能晋升。"曾经给那些动不动提自己"当年勇"的上司贴上"倚老卖老"标签的人，看着现代女性的生活便大发感慨："现在是女人过舒服日子的世道。要是在以前……"

在别的方面一向主张进步观点的人，提到女性权利却不以为然，对这样的人我们该如何理解呢？如果说不懂马克思的人去批判资本主义是件令人耻笑的事情，那么，不懂西蒙娜·德·波伏瓦的人去批判女性主义，是不是同样令人耻笑呢？人们往往察觉不出自己正在享受的无形的利益，但选择性地袒护是一件可耻的事情。是维持一贯性，还是保持沉默，两者当中只能选择一个。

没有一个人生来就是斗士。可一个人如果遭受莫大的委屈却没有一个人去理解他，即便是再温顺老实的人也会秒变为斗士。星州市民在反抗当局部署萨德导弹系统的时候说："经历与政府的抗争才理解'岁月号沉船事故'遗属的悲恸。他们都是歪曲事实的报道、虚假宣传、政府当局挑拨离间的牺牲品。经历这次事件，我们才知道他们也是这样被当局骗的，怜悯之心油然而起。"

女性在韩国的地位

中秋节我们全家去了爷爷家。爷爷看着微微隆起的孙媳的肚子说:"你一定要生儿子。只有生了儿子,我死后才有人为我祭拜。"

父亲在一旁也搭腔:"要是生女儿可以随便取名字,要是生儿子就必须按家谱规定的辈分字取名。"

小叔带着反驳的口气说道:"你们真不懂。现在不一样了,等我们老了以后伺候我们的不是儿子,是女儿呢。"

面对三位长辈的轮番轰炸,我有点头昏脑涨。对他们来说,儿子是维系家族血脉的传承人,女儿只不过是伺候晚年父母的护工而已。最近人们的认识有所改观,有不少夫妻愿意生女儿,然而就像他们所说的"到时候愿意让我们坐飞机的还是女儿""老了以后能够照顾父母的也就是女儿"一样,以赡养和伺候为目的的心理,与几千年传承下来的剥削女性的历史是一脉相承的。每年多达一万多名胎儿仅仅因为是女胎便死于腹中而未能来到这个世界的时代刚刚过去不到三十年。

女孩子在未出生前就被要求文静、顺从，为此人们甚至不愿意生属龙、属虎的女儿。女孩子在言谈举止上也受到严格管制。如果男孩子调皮捣蛋或玩一些过激的游戏，大人们只是说"男孩子就是这么长大的"，可如果是女孩子做一些出格的行为，就会被厉声呵斥"一个丫头片子怎么会做出这样的事情！"。我们对男孩子的称呼从来都是"机灵小子"之类的褒称，而对女孩子的称呼从来都是"疯丫头"之类的贬称。

女孩子上学会受到更加多样、更加具体的限制。嗓门太大不行，脾气太倔不行，坐姿不雅不行，随便穿衣服不行，化妆太浓不行，爱笑不行，不爱笑也不行，既不能蔑视男孩子也不能超越男孩子，男孩子欺负你是喜欢你的表现，因此不能跟他们顶撞……儿子站在厨房里，长辈会说这不是他干的活儿，他应快去读书；可女儿站在厨房里，长辈则说她是帮妈妈做家务活儿的孝女。没有给儿子打电话，让其为姐姐妹妹做好饭的父母。只有给女儿打电话，让其为哥哥弟弟准备好饭的父母。

同样是穿校服，对女生的规定比男生烦琐得多。裙子不能过短，衬衫不能过紧。必须穿胸罩，又不能在衬衣上映出胸罩的轮廓，因此必须再穿一件内衣。

校内谈恋爱，在言行和穿戴上受束缚的还是女生。

父母们常用担忧和威胁参半的语言警告女儿，谈恋爱一定要慎重，因为一旦分手，被人戳脊梁骨的是女孩子。"××行业对女生来说是再好不过的职业"，人们常用这句话来缩小女生挑选职业的范围。"女孩子不怕上不了大学，也不怕找不到工作，因为她们嫁一个好男人照样可以改变命运。可男孩子就不一样，没有学历没有好工作就连媳妇都娶不上。"我上中学时的一位补习班老师也常用这两句话来鼓励男生。

　　女孩子书念得再好也很难离开故乡。哪怕考上异地的大学，父母也绝对不会允许女儿独自租房，不管条件好不好都必须住在学生宿舍。如果在家乡上学，则严格限定女儿离家时间和归家时间。这在儿子身上是看不到的规矩。要是女儿瞒着父母在外过夜，那就要等着看父亲为自己立墓碑的情景。如果有女生参加某个酒会，那么在酒席上前辈师兄师姐敬的酒不能不喝，但也不能喝到醉酒的程度。因为在韩国社会人们最瞧不起的就是"管不住自己的人"。喝完一杯立马走人是自由，尽管走了的人会成为酒席上的笑料。可是如果不走，十有八九她会成为酒席上被调戏的对象。因此，女性在酒席上是个非常尴尬的存在，走也不是，不走也不是。提倡女性独立和自由的声音与提倡女性文静纯洁的声音往往重叠在一起。明明是同一个电视台，在新闻节目里谴责将女性商品化，可在娱乐节目里却把女性包装成观赏对象。

在就业市场,"男性本身就是加分条件"。如果说男性就业市场是紧固的冰层,那么女性就业市场就是白雾飘袅的干冰。女性历经千辛万苦得以就业,晋升却是想都不敢想的事情。底层员工绝大部分是女性,到科长一级基本上是男性的天下。女员工们都在抱怨公司里没有能够作为女性典范的女上司,当有人问"你们公司有女上司吗?",她们这才恍然大悟,不停地摇头。是的,公司里根本就没有什么女上司。高层主管总是抱怨女员工干活儿不积极,可换个角度讲,在没有任何发展前途的公司里她们凭什么那么卖力呢?面对根本不可能进入决赛的比赛,又有谁在预赛里拼尽全力呢?

人们通常把新郎叫作"百年顾客"[1],新娘叫作"丫鬟"[2]。一个百年顾客和一个卑贱的丫鬟结成的婚姻注定不会幸福,可因旁人的七嘴八舌,作为女人不嫁人也不行。所以很多女性认为既然结婚也不幸,不结婚也不幸,不如选择"尽孝"。这是正确的判断吗?原本什么都会做的男友结婚以后瞬间变成什么都不会做的丈夫,其变身术堪比洪吉童[3],而要求儿媳替儿子天天打来问候电话的婆婆又多

---

1 韩国人对女婿的尊称。——译者注
2 韩国人对儿媳的贬称。——译者注
3 古朝鲜传奇式的历史人物,常用变身术劫富济贫的义侠,至今仍被称颂为民间英雄。——译者注

如镜浦海滩[1]上的沙粒。

对大多数女性来说生孩子是一生最大的苦恼。生完孩子以后能不能继续上班？如果能够继续上班，那么谁来照看孩子？能否成为称职的好妈妈？看到妻子在苦恼中摇曳不定，丈夫大喊一声："你尽管生下来吧，养孩子包在我身上！"新闻节目里天天在叫嚷低生育率和老龄化问题，说如此下去，到2750年大韩民族将会消失。言外之意是每个育龄女性都要对此事负责。这就好比一个普通百姓为朝鲜王朝的灭亡而日夜担忧一样，是多么荒唐的事情。

这年头做一个女人不容易，做一个母亲更不容易。为了养家糊口加班加点，却被说成"毒妇"；孩子生病临时请假，则被说成"添乱女"。孩子上幼儿园时幼儿园要求妈妈们做好"妈妈牌盒饭"。精疲力尽的妈妈们只好辞掉工作，当上全职主妇。对她们来说这是"为家庭着想"的无奈且唯一的选择。

让妈妈一个人看管正处于焦躁症和忧郁症高潮期的读中学的孩子几乎是不可能的事情，孩子上高中后就要求妈妈扮演高中学生的角色。都说要做好称职的妈妈就必须及时掌握来自补习班的各种信息，然而，只靠丈夫一个人的收入支付补习班数额不小的费用实在是力不从心。妈妈想上班，可时过境迁，谁也不会承认她十年前的工作资

---

[1] 韩国江陵附近的海滩。——译者注

历，于是妈妈只好打消重新上班的念头，找一个勉强补贴孩子补习班费用的临时工作。就这样，许多妈妈成为技术含量低、工资待遇差的廉价劳动力。

孩子们长大后自然要离开家，母亲独守空房的日子阴郁不堪，回想过去不分昼夜疲于奔命的日子简直像一场梦。没有子女在身边，母亲突然变成一个傻子，曾经爱过的丈夫突然间变得那么陌生。母亲无所事事，成天不是看电视就是在家附近徘徊。母亲已经到了疾病易发的年龄，可她们心里知道此时千万不能生病。只听说过妻子看护病床上的丈夫，却没听说过丈夫看护病床上的妻子。男性癌症患者中有97%都能得到妻子的照料，照料女性癌症患者的丈夫却只有27%。[1] 绝大部分韩国男性认为不照料妻子便是爷们儿。

在韩国，女性癌症患者的离婚率是男性癌症患者的四倍。[2]

---

1 申圣植等："更令人心酸的是女性癌症患者……妻子照料丈夫占97%，丈夫看护妻子占27%"，《中央日报》2014年4月14日。
2 "女性癌症患者的离婚率是男性癌症患者的四倍"，YIN新闻，2014年4月14日。

宽以待男，严以待女

偶像组合 AOA 的女成员雪炫和智珉因不认识安重根[1]的面孔而遭到众人抨击，最后她们以流泪道歉的形式谢罪才得到人们的谅解。然而以无知作为笑料的男性艺人却没有遭遇过类似的事情。男性艺人哪怕犯下性侵罪，几个月之后就可以重新回到演播室里或舞台上，可女性艺人哪怕成为性犯罪的被害者，也要隐姓埋名居家几年。

同一个记者写新闻消息，如果嫌犯是女性便特指"女乘客"，嫌犯如果是男性则用"乘客"来泛指。在标题上加一个"女"字，可以使点击量猛增。这就是目前只要求女性有高度道德观的扭曲的义化现象，也是肆意物化和侮辱女性的社会现象。"女乘客"新闻一上网，网页上便充

---

[1] 朝鲜半岛近代著名独立运动家，韩国人称他为"义士"。——译者注

斥着带有性歧视的留言。很多男人拿着所谓的"娴淑"尺度来衡量"作为女性应具备的品行"。

不少男性以孩子应由妈妈来养育为由，将育儿重任推给妻子，可在公司看到女员工申请育儿休假时便责难她们太过自私；在家里要求妻子承担清扫、洗衣、洗碗等所有家务活儿，可在公司看到女员工急着下班回家便皱起眉头；学校因女教师多便为男生们得不到正确的性教育而忧虑，在家里男性则认为由母亲承担教育孩子的全部过程与对男孩子的性教育毫不相关。

只有男性才能参军的兵役法是男人们制定的，挨骂的却是女性。这就像单号学生们不讨厌制定"只有单号学生打扫卫生"规定的班主任老师，反而讨厌那些幸免当天打扫卫生的双号学生。用"男人要有男人的样子""男子汉大丈夫还那么小气？""男子汉大丈夫还哭鼻子？"等语言来刺激男性性激素或限制男性性特征的人也大多都是男人。父权制创造出了作为男人必须拥有妻儿并具备抚养妻儿能力的神话。男性承担养家糊口的经济负担源自父权制，男人们却把由此产生的怒火发泄到女人身上。

追究被害者责任的韩国社会

发生在大学校园里的性犯罪事件中,四个加害人中就有一个是教授,十个被害者中会有八个是学生。在大学,学生人数远比教授多,从这一点来看教授犯罪率算是非常高[1]。换句话说,性犯罪是一种基于权力关系的犯罪事件。说那是教授的一个失误或一场冲动所引起的,都不过是袒护犯罪嫌疑人的谎言罢了。没有酒后扇老板耳光的员工,也没有对董事长的女儿动手动脚的校长。尽管如此,人们还是要求女性自重,一旦发生性犯罪事件也向女方追究责任。

在暴力事件中,如果被害者收下加害者的赔偿金,就算是得到了肉体补偿和精神补偿。可在性犯罪事件中,

---

1 "你的分数是……'教授和女学生'性犯罪惊人的真相",《中央日报》2012年12月8日。

如果被害人收下赔偿金，那么女方就会被认为是为了金钱故意接近男方的"美女蛇"。甚至还有一些人认为如果在娱乐场所，有人对那里的女员工实施性暴力，那么那个女员工就不能算作性犯罪事件的被害者。

性暴力犯罪的回旋空间非常大。某个男性即使犯了性暴力罪，如果是醉酒状态、抑郁症患者、未成年人、偶发性的、没有暴力行为的、能够认罪悔罪的情况，都可以得到减刑处理。甚至还有仅因为是大学生而获得减刑的案例。有一个大学生将醉酒的女性带到DVD房实施性侵，但警方以男方是大学生且初犯为由给他判了缓刑。一个在湖畔公园边转悠边寻找猥亵强奸机会的男子被抓住以后，警方也以躁郁症为由给他判了缓刑。一个闯入女厕所实施性侵并拍下强奸影像的男子，也被以酒后冲动为由获得缓刑处理。曾经轰动一时的"赵斗淳强奸案"[1]中，犯罪嫌疑人因作案之前喝了酒便以精神错乱为由只被判刑十二年，2020年获释。

据韩国女性家族部的2016年全国性暴力实情调查结果，参与调查的55.2%的男性回答"只要女性检点一些就可以减少性暴力事件"。有人丢失了物品，我们不会去问他为什么丢失物品；有人在路上无端被人打，我们不会

---

[1] 2008年12月发生在京畿道安山市的强奸八岁幼女的案件。——译者注

质问他是不是做了活该被打的事情；发生杀人、放火、抢劫、欺诈、恐吓事件时，我们也从来不问被害者"为什么没有注意"。我们只对性犯罪的被害人提出一系列质问：为什么穿那样的衣服？为什么化那么浓的妆？为什么那么晚回家？为什么喝酒了？为什么独自一个人行走？为什么没有反抗？

从统计数字看韩国女性的人生

不会有人在地铁老弱病残者席位旁讲逆向歧视,也不会有人在残疾人专用停车场说因他们占据车位,正常人受到连累。对于公交车上儿童票价低于成人价票,谁都能理解,对于给低收入阶层提供经济上的帮助也没有人提出异议。因为人们普遍承认他们是社会的弱势阶层。可在韩国,有人预测2030年将有57.6%的未婚男性受到性别歧视[1]。他们认为到时候女性不属于社会弱势群体。因为他们周边都是各方面均很优秀的女人,她们都过着舒心的日子。然而不要忘记社会平均水平不是由特殊值来决定的,而是由平均值来决定的。女性的日子很苦,事实充分证明了这一点。下面要举的例子由于数据太多可能会引起读者

---

1 "2030 男性报告书:那个男人为什么抛弃那个女人",MBC《PD日记》,1049 集,2015 年 8 月 4 日。

的反感，但请大家耐心读下去，因为不列举这些数据恐怕难以说服大家。

2016 年韩国性别收入差距为 36.7%，即男性月收入 100 万韩元的时候女性的月收入仅为 63 万韩元左右。OECD（经济合作与发展组织）于 2000 年开始调查以来，在性别收入差距上韩国一直稳坐第一位。这个数据比 OECD 算出的平均值高两倍，比排在第二位的日本高 10%。可以说韩国排在压倒性的第一位。根据韩国统计厅资料，收入差距往往在三四十岁这个年龄段急剧增大。其主要原因在于由"职场玻璃墙"[1]、结婚、生育、育儿等因素引发的工作经历中断现象。女性的经济活动参与率往往在生育期下降，而随着子女的成长重新提高，呈 M 形波动。这些女性想再就业，却因很多部门不承认其过去的工作经历，所以只能寻找简单的工作岗位。这已经成了社会性的问题。

根据中小风险企业部的资料，以 2016 年为例，大企业和中小企业常用劳动者收入差距为 37.1%，性别收入差距为 36.7%，与前者基本持平。换句话说，男性和女性的收入差距，与大企业和中小企业常用劳动者的收入差距差

---

[1] 表象上看似乎男女平等、获得同等的机会，可往上层走就有一堵看不见的墙堵在女性晋升的路上。这堵墙便是"玻璃墙"。此外"职场玻璃墙"还有一层意思，就是就像一堵透明的玻璃墙，碰撞之前谁都看不到前面有一堵墙挡住了去路。

不多。文在寅总统（第十九届韩国总统）担任在野党党魁时期多次提及劳动力市场的两极化问题，并表现出了强烈的解决意向。政府的确应该致力于解决性别收入差距问题，收入差距实际上意味着等级差距。

根据世界经济论坛每年发表的性别差别指数（GGI），以2016年为例，韩国在144个国家中排在第116位。再往前追溯，2015年排在第115位，2014年排在第117位，2013年排在第111位，一直位居排行榜的末端。性别差距指数在经济、教育、健康、政治等四个领域以同一个国家的男性地位为标准衡量女性地位。因为这个数据反映的是相对值，所以虽别的国家女性地位高一点，可在本国内部与本国男性权益水平相比较时，女性地位还是低一些。人均GDP仅为750美元的卢旺达排在前几名就是这个原因。

有些人用联合国开发计划署发表的性别不平等指数（GII）来反驳这种排序法。从性别不平等指数上看，以2015年为例，韩国在155个国家中排第10位，算是世界上性别很平等的国家。这是为什么呢？联合国开发计划署是为支援发展中国家的开发而成立的国际机构。联合国开发计划署发表的性别不平等指数反映的是国会议员占全体国民的比例、高中教育比例、经济活动参与率，以及产妇死亡率和青少年出生率等在经济落后国家成为难题的指标。据韩国女性政策研究院分析的结果，韩国居高不下的性别不平等指数排位主要是基于低产妇死亡率（每10万人中有11人）和青少年出生率（每1000人中有1.6人）。GDP总量位居世界第11位的韩国在性别不平等指数上显得十分尴尬。

从英国周刊《经济学人》发表的"玻璃墙"指数上看，以2016年为例，韩国在满分100分中只获25分，在29个被调查国家中排名末位，这是比以性别不平等著称的日本还低的排位。据《经济学人》统计，韩国女性受高中教育程度比男性低7.6%，经济活动参与率也比男性低21.6%。担任企业高管的女性占11%，企业女老板占比不到2.1%。因历史上女性议员最多而感到骄傲的韩国第二十届国会女性占比（17%），也与OECD统计的世界平均数（28.2%）相去甚远。

驾驶技术不熟练的女性司机被男性嘲弄为"女汉子"，可交通事故肇事者还是男性居多。据韩国交通安全公署2010年发表的《男女交通事故特征比较》，每100名男性发生1.13次交通事故，女性则为0.34次，但男性驾驶员的比率为女性的3.3倍。另据韩国汽车媒体Motor graph分析，2016年4292起交通事故导致的死亡事件中男性驾驶员肇事3788起，女性驾驶员肇事仅为503起，男性驾驶员比例高达88%。尽管男性驾驶员的基数高于女性，可即使是这样，男性肇事次数也远比女性高。

据2014年雇佣劳动部的统计，韩国男性一天只做45

分钟的家务，不到韩国女性每天所做的 227 分钟家务时间的 20%。另据同年韩国统计厅发表的统计数字，韩国男性家务劳动分担率为 16.5%，在 OECD 会员国中处于末端（我父亲六十一岁时才学会操作洗衣机）。双职工家庭里丈夫只分担 41 分钟的家务劳动，妻子做 193 分钟的家务。丈夫单职工家庭里丈夫做 46 分钟，妻子做 360 分钟，差距明显加大。就连在妻子单职工家庭里，丈夫也只做 99 分钟，而妻子做 159 分钟，女性做家务活儿的时间比在家赋闲的丈夫要多得多。

韩国警察厅受理的性暴力事件 2005 年为 11757 起，2009 年 16156 起，2011 年 22034 起，2013 年 26919 起，2014 年 29863 起，性暴力事件发生次数逐年升高。性暴力的被害者中有 95.2% 是女性，而被害人直接向警方报案的比例仅为 1.1%。性暴力事件之泛滥非常严重，报案率却低得惊人：强制猥亵的报案率仅为 5.3%，强奸、强奸未遂报案率仅为 6.6%。专家推定韩国性暴力犯罪报案率为 10% 左右。更有甚者，由约会暴力引发的杀人案每年高达 100 多起。事情已经到了每三天就有一名女性死亡的严重地步，可当局对加害人仍旧重罪轻罚，这引发了无休止的争论。在练歌厅打掉女友门牙的二十多岁青年和将女友监禁两个多小时并持续施以暴行的医大研究生只被判缴罚金，打死同居女友并用水泥藏尸灭迹的男子以与被害者之父共同密谋为理由只被判处三年有期徒刑。

全国教职员工劳动组合于 2016 年 10 月进行的问卷调查表明，1758 名女教师中竟有 70.7% 的女教师在从教生涯中经历过性暴力，其中有 40.9% 的女教师被人强迫去跳舞，有 34.2% 的女教师遭受过言语上的性骚扰，有 31.9% 的女教师遭受过肢体接触性骚扰。遭受强行接吻、强行抚摸等性骚扰的达 2.1%，被强奸、强奸未遂的也多达 0.6%。而对她们施暴的加害者中 70% 竟是校长、教导主任等学校领导人。

在这个报案率只有 10% 却年均有 3 万起以上性暴力事件发生的国度里，在这个冒着被人报复的危险去报案而加害者被起诉的却只有三分之一的国度里，在这个每年有 100 位以上的女性被她们的丈夫或男友杀死的国度里，在这个女性收入不到男性收入三分之二且比男性早五年退休的国度里，男性是永远的主宰，女性则是劫后求生的存在。

男性也能成为女性主义者吗？

当违背世俗的意志偏向于少数人或弱势群体时，至少不应受到进步势力的非难。比如白人主张维护黑人的权利，正常人主张维护残疾人的权利，异性恋者主张维护同性恋者的权利，资本家主张维护劳动者的权利的意志等。但唯独男性主张维护女性权利是例外。当有男性主张维护女性权利时，男人们就大声呵斥："不就是为了获取女人的欢心吗？"获取女人欢心又怎么样？主张女性主义来获取女性的欢心，这不是好事吗？他们不过是一群心里喜欢女性可在表面上却装作瞧不起女性的虚伪者而已。

我是一个男性，在女性主义世界里我的确是个局外人，因此经验上受局限，对推广女性主义的迫切性也相对缺乏认知。我不反对"女性主义运动由女性自己主导的话效果更好"的主张，也同意"在女性主义运动中男性的声音不要超过女性声音"的主张。我更知道男人在女性主义运动中切勿成为"男性说教者"[1]。可我不能同意"这是女人的战争，男人应走开"的观点。虽然是黑人发起的黑人民权运动，可还是有不少白人参与；同样，虽然是性少数群体发起的运动，可还是有不少顺性别者和非同性恋者[2]也为其发声。在生物学、社会学上的女性当中也有不少抨击女性主义的"名誉男性"。倾向于哪一方是由每个人的志向决定的。

　　男性参加女性主义运动，也可以发挥男性特有的作用。一位跟我一起学习女性主义的女老师曾经制止过一个男学生指责一位女性是"泡菜女"，不料那个学生直接顶撞女老师："又不是说你，难道老师也是泡菜女吗？"面对学生的顶撞，那个老师不禁愕然了。如果换成是男老师，情况就不一定是这样。可见纠正男性的错误言论，男老师的话往往更具说服力。因为有很多男人比起女性说的话，更信赖男性说的话。有个男上司说了一句很难听的话，这时旁边的一个男性劝他"现在说那样的话可要吃不了兜着走呀"，男上司便二话不说地收回刚才说过的话。同样，对于一个对女性主义有所反感的男同事，如果有个男性朋友对他进行劝说，他也会很快被说服。

1　"男性"（man）和"说明"（explain）的合成语，是男性以傲慢的姿态向女性说教的意思。
2　"顺性别者"（Cisgender）指生理性别和社会性别一致的人；"非同性恋者"（heterosexual）指对不同性别的人表现出性倾向的人。

更重要的是，女性主义运动并不是只为女性而发起的运动。女性主义运动也可以拯救禁锢在角落苟延残喘的男性的生命。男人为什么酒后才能吐真言？再苦再累也一个人顶着，再冤再悲也不流一滴眼泪，这些举止为什么会成为"像男子汉大丈夫"的行为呢？长此以往，长期压抑的心情累积成疾，难道男人不会死得比女人早吗？如果女性的收入与男性相当，那么往后在约会场合男女双方是否要 AA 制呢？如果不把育儿的重任全部推给女性，那么父亲和孩子之间是否会变得更亲近呢？

尽管英国是议会民主制的故乡，可那里的女性竟然直到 1927 年都没有投票权；在韩国，用来惩罚婚外性关系的通奸罪直到 1953 年 6 月还只适用于女性；韩国无线电视台新闻节目将遭性侵而自杀的女大学生称赞为"守贞烈女"，不过是 1994 年的事情；废除户主制也是在已经有 4000 万人使用手机的 2005 年才得以实现。以现代常识难以理解的事情在当代韩国却被认为是"惯习""传统""美德"。如此奇怪的事情在韩国不胜枚举。从历史发展规律来看，一般占多数的主体会被赋予更大的权力。当今围绕女性主义的争论，在今后的史册上将被记录成"由孤陋和偏执形成"的羞耻的举止。

美国历史学家霍华德·金（Howard Zinn, 1922—2010）是白人教授，是一位社会不发生变革对他更有利的既得利益阶层的知识分子。可他却为黑人学生的学习权利作了不懈的斗争,站在了要求拥有投票权的黑人游行队伍的前列。面对多次被革职和入狱,他始终如一地坚持自己的信念,感化了一个又一个对黑人持有偏见的白人。如今,这个一生为不同肤色的人争取人权、比起自己的利益更重视信念和正义、为废除种族歧视打下坚实基础的人,被美国人称颂为"现代史的良心""实践型的知识分子"。

我希望本书的男性读者们都能成为女性主义运动中的霍华德·金,也希望他们为创造更美好的社会伸出援手。希望几乎占整个人类半数的女性不再因为是女性而被迫中断工作经历和害怕走夜路,女性要为实现自己的理想而共同发出呐喊声。我希望这个社会给男孩子们增添力量,使他们成长为无须忍住眼泪、能随时随地说出自己想说的话、能够感受育儿的喜悦和家务劳动之苦的人。我更希望这个社会中的男孩子也能玩布娃娃、女孩子也能玩机器人,在学校操场上踢足球的女生和玩跳绳的男生共存,女生能当上工程师、男生能做美甲师,不管是男孩儿还是女孩儿都为自己喜欢的事情去探索、去选择道路。

这世上不存在永远的既得利益者。"我是韩国人,所以外籍劳动者在这里的经历与我无关""我在庆尚道出生,所以在全罗道出生的人得到什么样的待遇与我无关",持有这种想法的人越多,人与人之间的关系就会变得越疏远。"你那样做能改变什么?""就算你累死累活地干,这个世界也不会改变一点。"说这种话的人越多,这个社会就会变得越冷漠。"我是个男人，女人怎么生活与我无关"，持有这种想法的人越多，这个社会就会变得越糟糕。在一个健康的社会，能感受别人痛苦的人会占多数。

谁都有身处弱者地位的时候。比如，正式职工在非正式职工面前是强者，在老板面前却是弱者；在大学里，教授是王中之王，可有些教授还要受名牌大学教授的歧视；总承包商虽然握有对分承包商的生杀大权，在大企业面前却一声都不敢吭。

第四章

与八百名男生在一起

女性主义是人生必修课

我打算不再沉默，我在思考我能做什么。手举标语板，高喊口号，说服邻居，这些固然很重要，可我想做一件比这些更持续、更系统的事情。

答案就在触手可及的地方。我是一名教师，我身边有 800 名男生。引导他们走上不同于老一辈男性的成长之路，以全方位开放的心态走向世界，我觉得没有比这更让人骄傲的事情。除此之外，如果对那些每年培养数百名、上千名男生的教师同事产生影响，哪怕是一点点的影响也好，我觉得没有比这更理想的实践活动。

我开始阅读我准备放在教室书报架上的《女性新闻》；我出门穿上印有女性主义标语的衣服，戴上有女性主义标志的胸章；在教室的书报架上摆满女性主义书籍，再和全班学生共享聊天群里发布的相关新闻报道。

宣传女性主义最关键的平台还是我的课堂。我起初想准备专题讲稿,可马上否定了这个想法。如果在课堂教学中生搬硬套地插入与课程无关的内容,孩子们会本能地察觉出异样并做出相应的回应,比如"看来这是不怎么重要的""这个不是考试范围内的东西"。有些孩子还会怀疑老师的用意:"老师为什么要讲这些不着边际的话题呢?"在学生还没有开窍的情况下灌输给他们从未接触过的新理念,他们会无法坦然接受,到头来适得其反。如果我讲课的内容脱离教程,从准备阶段开始就乱了方寸,最终会落得事倍功半的下场。

如果在平时课堂结尾处适当介绍女性主义资料,学生的专心程度就大不相同,从而能够自然地切入女性主义的必要性、意义等基本内容中。比如,我用如下开场白切入女性主义主题。

"同学们,你们知道'烛光革命'[1]以后的时代精神是什么吗?就是体察因劳苦成疾的底层社会的人,倾听他们的诉求,与他们同甘共苦的精神。正因为有了这样的精神,政府最近出台了不少有利于弱势群体的政策。从这个意义上讲,性平等课程也有它存在的必要性。所以……"

学生们的眼睛顿时发亮,我不失时机地再加几句:

"一个人的人格、良心、品德等因素,属于'情感领

---

[1] 2016年韩国民众发起的一场旨在推翻朴槿惠政权的大规模和平示威。示威者傍晚时分手持点燃的蜡烛在指定地点静坐,要求当局聆听民众的诉求。——译者注

域'。在生活记录簿里属于'情感领域'的语言不是很多吧？大家想想看，一个男生为一个受歧视的女生的未来去思考，这是不是很有创意的话题呢？"

说到这里，我明显感觉到学生们的心跳开始加速。他们的眼神像在说："老师手里拿着的是什么表格？快发给我们吧，我们都等不及了。"用看似荒诞的语言来引导学生。

这世上聪明的人很多，但暖心的人不多见；记忆力和理解能力出众的人很多，但具备批判性思考能力和社会文化洞察能力的人不多见。学习女性主义，自然会聆听那些身心受伤的人的声音，而以前一直认为他们都是与自己无关的人。不仅如此，我们还会体验到以前一直认为是理所当然的东西，如今突然变得陌生的神奇现象。学习女性主义，就会培养用另一种眼光去看待熟知东西的能力，就会具有开阔的社会和历史视野去看待人生。

我现在开始要介绍的课程是，在"造福人类的理念下"让学生陶冶高尚情趣，培养自主生活的能力和民主市民所必需的素质，最终成为打造美好的人生、为实现民主国家的发展和人类共同理想做出贡献的人。虽然不是我刻意设计的，但课程的目的与韩国教育基本法的教育理念如出一辙。

《荞麦花盛开的季节》是宣扬性暴力的作品吗？

《语言Ⅰ》教科书里有一篇以与众不同的背景描写而著称的抒情小说《荞麦花盛开的季节》。这是一部迷你短篇小说，因为篇幅短，阅读方便，所以是很多教科书爱选用的作品。由于小说中空间背景的蓬坪面[1]、珍富面、大和面均与学校所在地江陵市距离很近，使我们学校的学生备感亲切，因此这篇文章深受学生们的喜爱。《荞麦花盛开的季节》虽然是很多人喜爱的作品，可也有一些索然无味的地方。下面简要介绍一下小说里的相关内容。

"那是个天上挂着明亮圆月的夜晚，可为什么发生那样的事情，我也不明白。"

---

[1] 蓬坪面，韩国江原道一个地名。"面"是韩国行政区划的一个单位，相当于我国的乡或镇。——译者注

看来许生员[1]今晚又要提起那件事情，自从与许书生交上朋友以后，赵先达[2]不知听过多少遍了。但作为朋友不能把自己不耐烦的心思透露给他看。许生员也装作不知道朋友不耐烦的心思，还是重新讲了一遍。

……

"当时我知道她不是在等我，我还知道她也没有专心等待别的哪个臭小子。当我看见姑娘时她正在哭泣。她为什么哭泣我心里有所明白，那可是姓成的家里生活最窘迫的时候呀。作为一个女儿，她怎么能不为家里的窘境操心呢。成家人说过，要是有合适的人家就赶紧把她嫁出去，可她又死活不想嫁人……一个姑娘家哭泣的时候也往往是最吸引男人的时候。一开始她有点惊慌，可看到我紧张的眼神她又低下头顺从了我。就这样，发生了那一夜的事情……回想起来那是个既令人兴奋又令人害怕的夜晚。"

"姓成的一家逃往堤川[3]是第二天的事情吧？"

"等到下一个集日去看，他们全家已经不见了。他们一家失踪的消息在整个集市上都传开了。人们纷纷议论那个姑娘有可能被卖到哪个酒家去了。你知道我在堤川集市

---

1 生员，朝鲜王朝时期凡念过书的年轻人都叫"生员"，也叫"秀才"。——译者注
2 先达，朝鲜王朝时期虽然科举及第，但未授予官职的人。——译者注
3 韩国一个城市名。——译者注

上找了她多少遍吗？可是姑娘连个影子都看不见。那天夜晚对我们俩来说既是初夜也是最后一夜。从那时起蓬坪就牢牢地印刻在我的心里，这半辈子一刻也没有忘记。别说半辈子，恐怕一辈子都忘不了。"

"算你运气不错。能有那样的巧遇实在不容易。男人通常只能娶个丑八婆给自己生个孩子，徒增烦恼……，那样的日子，咳，想想就发怵……"

小说中的主人公许生员在皎洁的月光下漫步在荞麦花盛开的山间小路上，回忆曾经历过的难忘日子。对半生孤身一人的他来说，成家姑娘是他唯一浪漫偶遇的女人。为洗澡来到溪边的许生员在水磨坊偶遇成家姑娘，并与哀叹自己的身世而哭泣的她发生了性关系。这是他半生珍藏下来的难忘回忆，以至于每到月光照射大地的夜晚，他就会向朋友赵先达不厌其烦地讲述那个故事。

这里有几个不好理解的问题。成家姑娘怎么会同意与偶遇的男人发生性关系呢？那是比现在保守好多倍的年代，而且是在乡间小村里。看前后内容，两个人并不熟悉。姑娘也认同那是个浪漫的夜晚吗？半夜的水磨坊是无人光顾、喊救命也无人听见的地方，也许姑娘是感知到预知的危险而放弃了抵抗。那一夜对许生员来说是浪漫的偶遇，对姑娘来说也许是噩梦般的记忆。就像当年一位总统候选人犯了类似的错误却毫无罪恶感，反倒当作年轻时的傲人本事到处炫耀一样。

　　成家姑娘即使同意发生关系，也不能像许生员那样到处招摇。韩国社会的一个特点是对男性的性生活过于宽容，而对女性的性生活苛责到病态的程度。男女之间发生不正当关系，对女性来说是被戳脊梁骨的事，在男性这里却是"哇，真了不起"，受到英雄般崇拜的事情。正因为如此，有些男人当众堂而皇之地讲自己在酒吧是怎么玩的，相反，有些女孩子连自己的恋人都不敢公开。

　　我给学生们讲了这个故事。也许是因为故事全都是性方面的内容，十七八岁的男生们分泌着肾上腺素津津有味地听了下去。我怕这样继续下去会牵动他们的副交感神经，所以立刻要求他们动手写心得体会。我给学生们提出了如下三个问题。

　　①成家姑娘是否同意与许生员发生关系？
　　②区分性暴力和非性暴力的标准是什么？
　　③我们为什么只对女性的私生活要求那么严格？

　　我很想知道"00后"的孩子们对性别观念、性意识、性认识的水平。虽然我期待有意外的收获，可结果还是不出我所料。尽管他们是不谙世事的青少年，可他们毕竟是土生土长的韩国人。脚下的路还很长，我还需描绘更大的蓝图。

看《春香传》，女人自古以来就是男人的玩物

《语言Ⅱ》教科书收录了朝鲜王朝后期的著名作品《春香传》。在韩国，《春香传》的主人公成春香和李梦龙是无人不晓的人物。由于大家对这部作品都有充分的了解，所以我想只要组织一次讨论便会引出有一定深度的主题。我向学生们提出了三个问题。

①如果把卞学道[1]送上法庭，法庭会给他立什么罪名？判他多少年？

②李梦龙为什么没有与成春香一起去汉阳[2]呢？

---

1 《春香传》里的人物，当地新任御使，看到美貌的春香欲强行将她纳为妾，遭春香拒绝后以莫须有的罪名将她关进大牢的贪官污吏。——译者注
2 朝鲜王朝时期的地名，今首尔。

③多大的年龄、什么样的情况下可以发生性关系？（李梦龙和成春香在 16 岁的时候度过了初夜）

  奸淫罪、侮辱罪、性骚扰罪、滥用职权罪、强奸罪、恐吓罪……这是学生们给卞学道罗列的罪名。各小组均同意卞学道利用使道[1]职权对成春香实施性暴力的观点。对卞学道的量刑意见比较多样，但半数以上的小组主张应该处以死刑。我问他们如果是真正的法庭该怎么处理，他们回答"因为情节恶劣，至少判十年"。这是因为学生们正义感强烈，还是因为他们不谙世事呢？

  为了联系现实案例作说明，我列举了已故张紫妍的案件。她是演艺圈性贿赂丑闻的牺牲品，披露自己所承受的痛苦事实以后便自杀了。她留下了涉足性贿赂案件的几十名权贵的名单，然而那些权贵均被无罪释放，只有张紫妍所属公司的老板和相关文件中被公开的人，被判了实刑。听了我的介绍以后，学生们都愤慨不已。

  我给他们播放了 KBS 2TV 的综艺节目《我们社区的艺体人》"足球篇"录像。演艺队与军人队进行了一场足球比赛，结果演艺队输给军人队。军人队作为胜者要求演艺队联系偶像女星组合，演艺队听从他们的要求，邀请偶像女星组合的年轻女演员来给军人队表演节目。年轻的女

---

[1] 中国古代叫"郡守"，相当于现在的省长。——译者注

星们身穿袒胸露背的服装来到部队,以大尺度的舞蹈给军人队献上了劳军节目。我向学生们提出问题,以年轻貌美的女性肉体来慰问身负保家卫国义务的军人,这些偶像女星组合的女演员从根本上讲与当年的日军"慰安妇"有什么两样呢?不知是提问难以理解还是提问过于荒唐,大部分学生只是摇摇头表示不解。我没有再问下去。心急吃不了热豆腐嘛。

我边跟学生们一起看"慰安妇"报道下的留言,边听取了他们的意见。看到"为了复仇,我们也应该去强奸日本女人"的留言时,学生们批驳"犯罪的是日本帝国主义,为什么向无辜的日本女人发泄呢?""如果真的发生那样的事情,受到伤害的还不是女人?"然而有些人与我们的学生不同,不是从女性权利的角度上看待"慰安妇"问题,而是把"慰安妇"问题理解成"对民族元气的蹂躏"。直到不久前媒体还把"慰安妇"问题引向挑起大众愤怒的方向。他们在"年轻貌美的少女们经历的痛苦和悲剧"的幌子下,将慰安妇的经历像色情片一样展示出来,试图以此燃起国民的复仇之火。"我们也应该去强奸日本女人"的论调,实际上是出于"你毁坏了我的东西,我也要毁坏你的东西"的最原始的报复心理。对他们来说,女性是"属于某一方的东西",换句话说,女性并没有拥有与男性同等的人格主体。当事者的人权失去了应有的位置。

关于"为什么李梦龙没有与成春香一起去汉阳"的提

问，大家的看法虽有不同但大致相近。对立意见有"哪怕挨一顿揍，李梦龙也应该向父亲坦率地说出来"和"由于李梦龙中举以后才向父亲告知春香的存在"，此外还有"别说结婚的打算，连挨一顿揍的准备都没有，李梦龙却一直以丈夫的身份出现在世人面前，真叫人无语""明知早晚会被父母发觉，可李梦龙连挨一顿揍的思想准备都没有便来见春香，真是个没有责任感的男人""幸亏李梦龙在科举考试中夺得状元，如果考第二名，恐怕春香就没命了"等意见。

有个学生反问道："反正李梦龙是没有什么好可惜的，他在南原的时候该享受的都享受了。他明明知道在汉阳完全可以跟贵族家的千金结婚，干吗执意要带走春香呢？至于春香，凭李梦龙的身份，春香完全能够以二房的身份进入李家呀？在两人的关系已经公开的情况下春香还能怎么样呢？"这虽然是比较冷酷的想法，可在逻辑上是完全合乎情理的。于是我提出了这样的问题："当谁跟谁睡在一起的事情传出来，为什么挨说的总是女人呢？为什么只管女人叫'破鞋'呢？既然与男人发生关系就变成'破鞋'，那么真正肮脏的不应是男人吗？"

关于第三个疑问，即发生性关系的年龄、可以发生性关系的情况等问题的讨论最有意思。孩子们嘴上说最好是具备抚养家庭能力以后再发生性关系，可每个学生的脸上都挂着"哪管那么多"的表情。对此，我对他们做了说

第四章 与八百名男生在一起

明:"农耕时代,到了上中学的年龄就可以结婚。可随着社会结构的变化,婚前准备阶段变长了,婚龄也延长了十多年。人们的生活方式改变了,做爱的年龄也改变了,更重要的是男方想做爱必须经过女方的同意。"

最后,我一再嘱咐孩子们:女方说"不"就是"不",不要把委婉拒绝误认为是"愿意"。嘴上说"不要不要,实际上就是想要",这是男性为他们自己的行为合理化而设计的台词。一定要记住这三忌:强行拉扯女孩子的手,有可能犯绑架罪;在女孩子已明确表明不愿来往的前提下仍在女方家或在女方单位附近闲逛,有可能犯跟踪罪;将女孩子逼到墙角强行接吻,有可能犯性暴力罪。千万不要一厢情愿行事,更不要把色情片里的情节带入现实世界里。

李陆史的诗是"男性语调",金素月的诗是"女性语调"?

腊月寒风如鞭抽,
终到北国漫天舞。

天空无边不及高原广袤,
高原就在冰霜的刀刃上。

我欲双膝跪地,
却难寻落脚之处。

闭眼冥思恍然大悟,
寒冬乃钢铸之彩虹。

——李陆史《巅峰》

奴知君已厌奴，

君若离奴去，

奴则无悔送君离。

宁边一药山，

满山杜鹃花，

奴摘一束撒于君走之路。

愿君每走一步，

轻轻踩踏

奴撒之花瓣。

奴知君已厌奴，

君若离奴去，

奴我死而不流泪。

——金素月《杜鹃花》

《文学》教科书里同时收录了李陆史[1]的《巅峰》和金素月[2]的《杜鹃花》。这两篇课文的下方分别有对"男性语调"和"女性语调"的说明，看上去让人感觉很不舒服。

---

1 男，1904—1944，朝鲜半岛近代著名诗人，独立运动家。——译者注
2 男，1902—1934，朝鲜半岛近代著名诗人。——译者注

说明称男性语调的特征是"断定式的表现，命令式的语调"，往往给人以铿锵有力的感觉，可以有效地传达某种主意或表示刚强的意思。与此相反，"女性语调"的特征是"消极被动的表现，温和沉静的语调"，多用于表达祈愿和悼念等悲剧性的文章。随着互动型文章的普及，使用尊称也成了"女性语调"的特征之一。

"这个说明真有点荒唐。"在我还没问这些用语一般使用在什么地方的时候，学生们先发言了。说实在的，我也觉得这个说明有些荒唐。提出"男性语调""女性语调"的人也许不是性别歧视主义者，只是认为现实就是如此而无意中提出了修饰语。即使没有恶意，有时无知也会造成恶劣的后果。

由于在教科书上使用这样的语言，迫使女生心里产生"我是女生，我也应该使用女性语调？"的顾虑，这本身就是不可取的想法。我真担心学生们无意中把自己圈在"我是男性，理应粗犷爽快""我是女性，理应矜持文静"的圈子里，我更担心有些男生为自己没有具备"有魄力有自信"的男性特征而烦恼，担心有些女生为自己没有具备"爱矜持爱害羞"的女性特征而苦恼。

人类的思考来自实践，语言则来自思考。小孩子喜欢看的漫画书里，主人公大多是男性，女性一般是依存于主人公的配角。男主人公的主要任务往往是拯救身处危急关头的女配角。身穿粉红色衣裙的女配角大都是花容月貌的小美女。男主人公战斗主要使用武器，女配角则靠施展魔法与敌人周旋。想象一下男孩儿在操场上横冲直撞地踢球，女孩儿则迈着轻盈的步伐缓缓走来的情景，是不是我们社会对性别角色固定观念的一大特点呢？

看电视剧里的夫妻对话，丈夫对妻子说话是半语，而妻子对丈夫说话绝对是敬语。现实中这样的夫妻有多少呢？连多数译制片里也是男人对女人使用半语，女人对男人使用敬语。不知不觉间积累起来的性差别意识将男女关系视为上下级关系，将男人和女人的角色放在事先安排好的剧本里。

《谢氏南征记》里真正的犯人是谁？

我的写作爱好始于金万重的《谢氏南征记》。今天我要提出关于这本书的三个问题。

①这部作品中，恶人只有乔氏和董清吗？
②如果谢氏活在当代，人们会如何看待她呢？
③如果现在还实行一夫多妻制，是好事还是坏事呢？

据我们所知，张禧嫔是朝鲜王朝绝世恶女。《谢氏南征记》是根据张禧嫔的故事编写的，张禧嫔就是小说主角乔氏的原型。以刘翰林之妾身份进入刘家的乔氏十分憎恨善良仁慈的正妻谢氏。她表面上装善良，背地里却与刘家门下书生董清私通并施展各种阴谋诡计。她不仅害死自己的亲生儿子，还嫁祸给谢氏，致使谢氏被赶出家门，后又陷害丈夫使其遭到流放。乔氏心狠手辣，搞起违背伦理的事情来不择手段。谢氏历尽千辛万苦，最终洗清所有冤屈恢复原来的生活。在谢氏的求助下死里逃生的丈夫刘翰林知道事情的真相后处决了乔氏，与谢氏度过了幸福的余生。乔氏的同党董清最终也没有逃脱应有的惩罚。小说以两个恶人的死亡画上了圆满句号。

看着看着，我心里堵得慌。无能又无知的丈夫刘翰林对乔氏的花言巧语言听计从，不仅伤害了妻子谢氏，使其吃尽苦头，还把整个家弄得鸡犬不宁。按理说，这样的人该得到相应的报应，然而，小说中的刘翰林既没有痛彻心扉的反省，也没有声泪俱下的道歉。作品后半部分，刘翰林反倒扮演了处决乔氏恢复家族共同体的正义判官和维护秩序的守护者角色。小说对妻妾矛盾的根源——父权制度和妻妾制度没有半句批判，反而以忠实遵循父权制度的谢氏过上幸福的余生为结局。谢氏俨然成了被人们称颂的"妇道"的化身。

从古至今只有一夫多妻制却没有一妻多夫制，同样，只有对坏继母的记叙却没有对坏继父的记叙。男人即使有结发妻子也照样可以娶二房，女人即使丈夫死了也不能改嫁。由于继父本身是不可能的存在，所以描述继父的传说也就不可能流传。在结婚与离婚自由的今天，比起继母的传说，人们更关心继父的传说，可那时却完全不一样。是造就"坏女人"的制度反过来惩罚"坏女人"并树立"女性典范"，警告人们不要超出"典范"范围。

因此,"女人的敌人就是女人"的思维实际上就是父权制度的产物。节日里发生的儿媳之间的争斗就是其中一例。祭祀婆家祖先的活儿一般都落在大儿媳身上,大儿媳对此很不满。然而大儿媳不敢将心中的不满发泄到婆家人身上,而是发泄到同样受苦受气的妯娌身上。大儿媳一个劲儿地抱怨:"我被拴在婆家厨房,连娘家都不敢去,可你们妯娌倒好,谁都能回到自己的娘家享福,天下哪有这样不公平的事情。"在妯娌之间的情感争吵中,父权制将自己的原罪掩盖得严严实实。在被支配者内部制造矛盾,以达到分裂和瓦解她们团结的目的,这种分割统治的现象是否始于父权制下的家庭呢?

谢氏是彻底顺从父权制要求的女人,用现代流行语说是"概念女"。就是这个谢氏主动提议刘翰林纳妾以防刘氏家族断了香火。后来她被婆家赶出家门后没有回娘家,反而去了婆家的祖坟。宁愿被丈夫抛弃,也决不抛弃丈夫的女人,谢氏是极其符合朝鲜贵族们幻想的典型人物。

《谢氏南征记》既不是描写社会变革的作品,也不是批判一夫多妻制度的作品,而是劝告人们"学坏则变成乔氏,学好则变成谢氏"的作品。金万重通过《谢氏南征记》向当代女性传递了"有概念地活着"的信号。

面对什么叫"概念女"的提问,学生们众说纷纭,亲切的女人,不会蔑视他人的女人,不会骂人的女人,喜欢赞扬别人的女人，聆听对方说话的女人，不计较男人的地位、相貌的女人，结账时平摊的女人，等等，莫衷一是。

综合这些观点，"概念女"是"虽在所有方面持有近代父权制的观念，可唯独在经济上向往现代化平等意识"的女人。因此，我认为所谓"概念女"就是男性要继续维护其有利的地位，同时将不利于自己的因素改变为对自己有利的，充分反映男性无知与贪欲的术语。

如果现在还存在一夫多妻制是好事还是坏事呢？尽量避免不幸、与幸运相遇，这是人类的天性。我还以为十七八岁的男生们会夸张地说"将来至少要娶三个妻子"，不料他们做出了意外的反应："娶两三个妻子的，都是有钱人。""这个问题对我们来说没什么意义。""这是成功人士的事情，与我们无关。"也不知从什么时候开始，孩子们产生了心理自卑感。

孩子们意料之外的反应让我一时不知所措。于是我换了一个话题，问他们如果站在女性的角度上思考会怎么样。对此，孩子们强调了男女平等问题，说男人可以与多个女人一起生活，女人则只围着一个男人相互竞争，这显然有失公平。他们还提出有些男人一生孤身生活，这也是不公平的。

《女性参政论者》：生活不能只面对现实，更要面对历史

期末考试一结束，时间一下子充裕了。我很想好好度过这段没有讲课压力的时光。《文学》教科书序言对文学教育的目标有如下说明。

让学生们间接体会文学作品中出现的各种不同的人生模式，从而拓宽理解人类社会和世界的视野，自我设计人生之路，拥有与人和谐共存的态度。

我真希望高中男生们通过间接体验，去了解日常生活中无从得知的女性人生，以拓宽理解人类社会和这个世界的视野。这对他们将来与女性共同生活是很有帮助的。

放暑假之前我要求每个学生写一篇英国女权电影《女性参政论者》的观后感。就连在号称"民主主义故乡"的

英国，女性参政历史也不过100年。现在想来十分滑稽，可事实上当时英国男人确实认为女人没有投票权是理所当然的事情。看完电影后我们一起看了别的观众在网页上的留言。看着看着，我明白了男性观众会在哪个桥段上愤怒及其理由。那些男性观众就是讨厌处处与男人抗争并想方设法从男人那里索取的女人。

女性与男性一样拥有投票权是天经地义的事情。从现在的标准来看，电影中那些否认女性参政权的男性都是不理性的人物。有些韩国男人认为在韩国不仅实现了性平等，目前反倒大有男性遭性别歧视的倾向。二者的差距在哪里呢？难道现在是正确的，当时是错误的？《女性参政论者》里的男人与现在韩国男人的想法如出一辙。

中学时期在历史课里学过"万积之乱"[1]和"亡伊、亡所伊之乱"[2]。古代社会实施的身份制度是野蛮的社会制度。可当时除了万积和亡伊、亡所伊等"另类"，大部分奴隶都把身份制度视为非常自然的现象。身份制度废止以后，众多奴隶对自己将来的生活感到茫然，谁都不愿意离开主子家。

生活在现代的人有可能误解现实。现在的文明也许

---

[1] 1198年朝鲜高丽王朝神宗时期万积等人发起的奴隶叛乱。——译者注
[2] 1176年朝鲜高丽王朝明宗时期亡伊、亡所伊二人发起的民乱。——译者注

对未来的人来说也是野蛮的，但生活在这个文明中的人感觉不到这是野蛮的。我们不生活在美国，所以我们认为美国仍然存在种族歧视。这是因为我们是局外人，可以从客观的角度思考问题。与此相反，生活在美国的不少白人认为现在的美国已经成为非洲裔和拉美裔居民的天堂。白人的这种反逆向歧视情绪正是特朗普当上总统的重要因素之一。我们的邻国日本也有反对旅日韩国人享受特权的组织"在特会"[1]。

性别歧视就在我们的眼皮底下发生，正因为离我们太近，所以我们看不到，就是所谓"灯下黑"。我希望学生们观看《女性参政论者》之后能从客观的角度审视自己的人生，能在历史的潮流中审视我们所生活的时代。那天的课结束时，我在黑板上写下了"最后的光复军"金俊烨[2]先生留下的一句话："生活不能只面对现实，更要面对历史。"

---

[1] 不允许韩国人享有在日特权的市民会。——译者注
[2] 1920—2011，韩国独立运动家、教育家。——译者注

"人类"+"非男"+"未熟"="少女"？

《读书与语法》教科书里有一个专门单元"词语的理解和使用"。该单元要求在学"语义特征"概念的时候注意寻找能够代表该词语义的最小成分，并举了一个奇怪的例子：即"少年"是由"人类""男性""未熟"等语义特征组成的词语，"少女"则是由"人类""非男""未熟"等语义特征组成的词语。接下来又说明"小伙"是由"人类""男性""未婚"等语义特征组成的词语，"姑娘"则是由"人类""非男""未婚"等语义特征组成的词语。

由于有些班级的学生们提出"这是不是性别歧视"的质问，老师在讲解语义特征的内容时并不十分顺利。问没有做出特别回应的班级"你们也觉得这是性别歧视？"，有的学生表示同意，也有学生埋怨老师过于敏感。

把男性作为人类基本代表的例子实在太多。比如在申请加入网页会员或制作个人信息登记表时，男性在左边、女性在右边。新闻主播的座位也是左侧为男主播，右侧为女主播。男性身份证号码尾数为 1 或 3，女性身份证号码尾数为 2 或 4。我在念中学的时候，男生的学号从 1 号开始，女生的学号则从排完男生学号以后的 31 号开始。汉字里男人叫"男"，女人叫"女"，儿子叫"子"，唯独没有单指女儿的字，只在带有"子"字的"子女""子孙"等词里包括女儿。没有敬语、半语之说的英语，看似比韩语平等得多，却也以 man-woman（男—女）、male-female（男性—女性）、god-goddess（上帝—女神）、hero-heroine（英雄—烈女）的顺序排列，把女性视为衍生存在。这样的例子会让人产生男性比女性重要的错误认识和以男性为基本代表的偏见。

根据《读书与语法》的说明，作为韩语合成语特征，一般把更重要、更值得肯定的事物放在前面，比如"善恶""强弱""大小"等。也许出于这个原因，若将"男人"和"女人"组成一个合成语，那么放在前面的肯定是男人，即"男女"。比如"父母""子女""夫妇""儿女""岳父岳母""兄弟姐妹""男女老少""绅士淑女""善男信女""一男二女"等。如果将顺序倒过来就不自然了。但也有一些场合将男性排在女性的后面，那就是辱骂、贬低、低贱、动物、性暗示等场合。如"奴才""阴阳""婢仆""牝牡""雌雄"等。

片面追究重要性和正负面的行为不是中立的态度。

对于韩国与朝鲜的关系,韩国称"南北关系",朝鲜则称"北南关系"。延世大学和高丽大学的年度锦标赛应该叫"延高战"还是叫"高延战"呢?围绕这个叫法,延世大学和高丽大学之间还进行了数十年的舌战。

《读书与语法》教科书证明韩国是男性中心主义的社会,即男性比女性重要,男性比女性主流。这不是强词夺理。就连处罚职场内性别歧视、性骚扰的法律依据也白纸黑字地写明"男女雇佣平等法",而不是"女男雇佣平等法"。

第五章

与憎恶抗争的方法

在男多女少的地方必须发声的理由

女性主义是女性争取自己权利的运动，因此，这个运动的主体应该是当事者——女性。男性女性主义者在运动中与女性仅仅是伙伴（ally）关系，做一些女性难以承担的事情以履行协作、辅助义务。男性站在运动的前沿，既没有名分也没有道理，因此，男性在女多男少的场合下发声也不具有太大意义，顶多起到声援助威的作用。以女性主义者为幌子接近女性并对女性图谋不轨的"韩国式男性"大有人在。如果想做一个真正的男性女性主义者，那么应在日常生活中多与男性朋友进行对话。因为男性女性主义者的价值体现在男性群体上。

男人喜欢听从男人的话，尽管这是令人无可奈何的事情，但已经成了惯例。到饭店就餐，男人们将饭店的男职员叫"老板"，将女职员叫"服务员"；如果接电话的是女性，那么不管三七二十一就命令对方换负责人。男性比女性更值得信赖，男性做的事情更有价值，这种意识无形中成了人们的共识。说起来很惭愧，事实上我也是这种意识的受益者。因为我是一个男人，所以我的一言一行能招徕更多的听众；因为我是一个男人，所以我写的一字一文能招徕更多的读者。如果我是女性会怎么样呢？那就不能以这个程度的功力和文笔轻而易举地出书。不管我多么张扬，也不会有人给我打上"泡菜女"的标签，反倒有人会以充满好奇心的口气说："这家伙到底是什么人，竟敢说这样的话？"好奇心是所有学问的根源，心生好奇说明对方已经做好了聆听你发言的准备。

  目前引领女性主义运动的是二十世纪八九十年代出生的女性。她们是在"养一个都累得半死还生两个？""养好一个女儿胜过养十个儿子"的埋怨声中出生的，在家里是不亚于儿子的宝贝疙瘩，在学校是从不输给男生的新一代。上学的时候学校的教育是"女性什么大人物都可以当，什么大事都可以做，尽管放飞梦想"。可离开校园、踏入社会，她们发现情况完全不一样，人们喜欢女人端的咖啡，喜欢女人举杯敬酒。于是她们决心此生再也不过母亲那一代的日子——因经济上没有自主性而只好依赖丈夫。她们宣告不结婚、不生育，敢于走进公共场所理直气壮地发出心声。江南地铁站杀人事件只不过是催化剂，事实上女性反抗的氛围早已形成。不少人认为这是女性自大狂妄的举止，殊不知这不是女性在造反，而是男性还没有适应已经发生变化的社会。

最终需要改变的还是男性。拿爱情彰显自己存在感的男人们，经过长期艰苦的抗争最终得到异性恋者的同意，使同性婚姻合法化。美国黑人民权运动也是通过动摇既得利益阶层——白人的意志而取得成就的。不管是以善意换取让步还是以抗争征服对方，抑或是以舆论压制对方，少数非既得利益者阶层的运动只有动摇多数既得利益者阶层的意志，才能成功。

我正在尝试说服日常生活中见到的男人们。这是一件不容易的事情。人只要超过三十岁就很难改变已经形成的固有观念，因此必须在各种固有观念完全形成之前来个"先下手为强"。比起成年人，十七八岁的青少年社会共感能力强、偏见少、正义感强烈。他们的思维很活跃，适应能力很强，能够自我改变、自我完善。只要老师提醒他们关注新的观念和新的声音，他们就能自我觉醒，开辟新的前进方向。我希望男生们个个成长为热情、成熟的人，至少不要被下一代年轻人戏称为"小老头儿""臭大叔"。

人类向往平等、向往进步的脚步永远不会停止。既然是早晚要到来的世界，那就让我们张开双臂去迎接吧。不要像埃米莉·戴维森[1]（Emily Wilding Davison, 1872—

---

1 为女性参政权献出生命的英国第一位殉道者。1913年6月4日英国举办德比赛马比赛，比赛当天她因突然闯入赛马场冲向奔驰的马匹而受重伤，并于四天后去世。当时她的外套上写着"支持女性投票权"（Votes For Women）的口号。五年后的1918年英国政府决定给予三十岁以上的妇女投票权，1928年将年龄放宽到二十一岁以上。

1913）那样为了争取投票权而闯入赛马场做出无谓的牺牲。要想改变社会，首先要改变自己。要想实现平等，既得利益者就要做出一定程度的牺牲。在韩国社会，男性就是既得利益者。他们必须忍受暂时的不便，放弃手中拥有的部分既得利益。男人改变自我之时，也就是新社会到来之日。

瞄错的标靶以及由憎恶导致的"左右和谐"

　　1997年亚洲金融危机前后出生的年青一代生长在低增长—两极化的社会。他们又是原封不动地接受新自由主义影响的一代人，因此竞争意识很早以前就在他们心里扎下了根。不透明的未来和暗藏在社会各个角落的危险因素造就了大量实用主义者。他们在青少年时期接受"日佳文化"并天天在充满负能量的聊天室里嬉戏玩耍。喜欢带有地域攻击性质的"日佳用语"，嘲弄金大中、卢武铉等前总统贯穿他们这代人的社交活动。他们的精神年龄比十年前的那一代人衰老了十年。应从二十七岁开始考虑的就业问题，他们从十七岁开始考虑；应从十七岁开始考虑的高考，他们从七岁开始考虑。陪自己参与高考竞争的母亲在他们的心目中是监视者、惩罚者、控制者。他们是从小就构思语言骂母亲的一代。

这代人大多上的是男女生混合的初、高中。学习方面女生普遍优于男生。媒体掀起一股宣传"女强人"的热潮，宣扬现在的男性大有被女生"碾压"的趋势。当他们刚到热衷于游戏的年龄时，当局实行了限制网吧营业时间[1]的制度。与这一制度相应，韩国女性家族部竟然做出了"取缔网吧"的愚昧且倒行逆施的决定。由于出生在所谓IT强国的韩国，这代人从小就能接触到专门提供色情影视片的媒体，能看懂外国色情片中的韩文字幕（至少不是文盲）算是不幸中的万幸。这代人自幼儿园至高中接触的都是女性老师，因此，对他们来说女性是上级人物、权威人物的存在。他们认为在自己的成长过程中并未发现作为弱者的女性。对他们来说，"为供弟弟念书，姐姐去工厂打工"的故事就像身份制度那么陌生，就像朝鲜王朝那么遥远。

现在青年人的守旧观念，并不是在理念和志向上，而是体现在生存战略上。虽说穷则思变，可对他们来说，只要生活环境稍有变化就感到生存的危机，所以他们用逆向思维拒绝社会变化。就像虽然对现在就职的公司很不满意，可在没有明天生活保障的情况下只好暂时寄人篱下一样。越是低收入阶层越肯定现有体制，越是得不到制度保障的人越寄希望于现有制度。

---

[1] 限制对未满十六岁的青少年提供深夜网络游戏场所的制度。因为到零点网络会自动中断，所以又称"灰姑娘法律"。韩国女性家族部为该法律的执行机构。

现在的年轻男性心里有一种"唯恐承担不起社会给一个男人赋予的那份义务"的恐惧感。自认为比父辈干得更辛苦,可既没有父辈挣得多,也没能像父辈那样及时娶媳妇。好不容易找到了一份工作,这份工作却待遇特别低且需长时间劳动。父辈们曾说他们年轻时也饿过肚子,当时就是凭着"明天会比今天好"的信仰坚持下来了。如今年轻人连这一信仰也没有了,也就没有了努力拼搏的理由。

这代年轻人中需要有人站出来为他们解释这些再努力也无法改变的现实,如"因为身边有太多的优秀女人""父亲那个年代并非这样",等等。虽然已经有各种衡量男性和女性在经济上哪一方更弱势的指标(如经济活动参与率、雇佣稳定性、性别收入差距、平均工龄、性别职位分布等),可这些指标和他们心目中的现实世界相去甚远而无法让他们信赖。心中的愤怒不能发泄到看不见的社会结构上,所以他们只好把愤怒发泄到眼前的女性身上。"女人只要长得漂亮就能成为考试三冠王?""男人靠辛劳造就自己,女人则靠长相造就自己?"这些愤怒最终汇集成三个字:泡菜女。

他们对"泡菜女"的态度从来都是两方面的,那就是既向往又憎恨。这种变态心理的深处埋藏着害怕因社会竞争被淘汰的恐惧。在资源被男性独占的社会,女性的竞争力只能表现在容貌与身材上。现在的社会,连媒体都迎合年轻人的口味,宣传男人靠能力、女人靠相貌的观念。他们想象中的"泡菜女"没有一个是长相丑陋的。他们嘴上说"她们都是榨干男人骨髓的坏女人",心里却无比羡慕那些娶上漂亮媳妇的男人。既然是无法实现的欲望,干脆把她们说得一文不值,就像"吃不着葡萄说葡萄酸"一样,他们会说遇到的"泡菜女"都是廉价的女人。这就是他们扭曲的心理。对他们来说,需要一个正视现实的眼光,需要经验的累积和一定的成就感。

"今日幽默"和"日佳"是分别代表进步与保守的互联网社区。两个社区围绕社会现有问题一直针锋相对,争吵不休。2016年7月进步派评论家金重权在《每日新闻》上发表题为《我也是美加利人》的文章,批判了攻击女性主义的韩国男性的卑劣心态。随之有许多进步知识分子站出来指责我们社会根深蒂固的仇女观念。对此"今日幽默"表示"没想到一直让人信任的金重权也发表了这样的言论"并以"#我也是日佳人"的主题标签进行了反击。"今日幽默"与"日佳"在反女性主义前线上首次握了手。它们又是互访对方的互联网社区,又是互致问候。

第二年,它们因电影演员刘亚仁"嫩瓜事件"[1]再次走

---

[1] 2017年有一个网友在自己的推特上发文,说刘亚仁在网上发表的《从二十米外看似乎是个好人》文章里写了"看到冰箱里有一只嫩瓜便想起'什么叫孤独',并皱了一下鼻子"。对此,刘亚仁回复说"被嫩瓜打过没有?(皱鼻子)"。只因为这句话刘亚仁便被当成"暴力男"遭到抨击,由此引发了为时十天的口水战。刘亚仁把抨击自己的行为说成"美加利行为",还把女性主义分为"真正的女性主义"和"虚伪的女性主义",进而引起了一场争论。

到了一起。刘亚仁以进步倾向的社会性言论成为"日佳"的关注对象,并在推特上与几名女性主义者展开舌战,成了"日佳"的网红人物。不得不说这是一件惊人的事情。任何一个政治人物都未能解决的理念矛盾,居然被女性主义解决了。

人类各种歧视的历史渊源

对下面几个问题我想做一个简单的回答：种族歧视是如何产生的？因为在优越的地理环境下形成的白人社会以经济实力和军事实力战胜了黑人社会；同性恋者为什么受到攻击？因为在人多则国力强的年代，不能履行人口再生产的行为都是不受欢迎的行为；左派为什么受到压制？是因为朝鲜战争的阴影。这世上并不存在没有理由、没有历史的歧视。人们歧视体力劳动是心理学上的士农工商文化在作怪，全罗道人被歧视是扭曲的地域情感所导致的韩国现代史在作怪。受歧视的所有对象都不是代表社会主流的存在。他们或者是势单力薄的群体，或者是身无分文的群体。用一句绕口令似的语言来比喻，他们之所以成为弱势群体，是因为他们本身就是弱势群体。

人类在旧石器时代是依靠狩猎和采集维持生命的，因为没有稳定的食物供应，为了降低不确定性，他们过上了只要一个人弄到食物大家都能糊口的共同体生活。由于孩子只认得母亲不认得父亲，共同体便以母系为中心而形成。男性进行狩猎活动后往往空手而归，生产活动没有女性的采集活动稳定。在当时的条件下，在再生产能力和经济实力方面，女性远远强于男性。在漫长的七十万年间，女性一直占据人类的中心地位。

然而约一万年前发生的新石器革命推翻了之前的整个社会结构。农耕和畜牧业的生产力由身体条件来决定。男性在体力劳动中逐渐显现出自己的优势，其地位也随之提高。随着生产力的提高，共同居住、共同生活的共同体生活方式开始瓦解，代之以家庭为单位的小团体。随着定居生活的产物——剩余物品的出现，便开始了以占有剩余物品为目的的争夺战。接踵而来的是权位、阶层、秩序等一系列社会公共观念。从母系氏族社会到部落社会，从酋长制国家到王权国家，国家的力量越来越强大，男性的战斗力也远远超过了女性，男性独占资源的进程进一步加速了。

然后，工业革命发生了。人们维持生计的场所由农场转移到了工厂。表面上看，男性像过去狩猎时期一样走出了家门，可这次的出走在性质上完全不同。这次出走的不仅是男性，也包括女性。机器操作远不需要像农地耕作那样费九牛二虎之力。随着工业化程度的提升，体力劳动所占的比例越来越小，智能成为创造附加值的主要因素。

历史再次发生了翻天覆地的变化。女性开始要求与自己能力相符的待遇,寻回曾经被男性夺去的各种权利。

过去的一万年是人类将自己的命运寄托于生产力和掠夺的时代,而女性从出生那天起就是不受社会待见的命运。那个时候社会要求女性只扮演做饭、生孩子、照顾家庭等次要角色,而财产权和参政权等权利只属于男性。近来被认为是反向歧视的服役义务,在过去也是只属于男性的特权。由于女性是男性的私有财产,所以交给她们保卫国家那样既神圣又辛劳的事情显然是不合适的。

法国大革命是近代市民的一场巨大进步,却忽略了占人类半数的女性。那场革命对女性的自由、平等、博爱只字不提,有关女性的激昂言论连个影子都找不着。"既然叫女性上断头台,那么也应该让她们登上演讲台。"提出这一豪迈主张的奥兰普·德·古热(Olympe de Gouges,1748—1793)[1]没来得及登上演讲台就变成一滴晨露消失在了断头台上。1215年,英国国王约翰王通过了《自由大宪章》[2]。这就是说在蒙古入侵高丽国之前英国已经实施了

1　18世纪末法国市民运动家、女性主义者,于1793年11月3日在巴黎革命广场断头台被处死。"如果说第一个走上断头台的女性玛丽·安托瓦内特是旧体制的象征,那么第二个女性救世主则是革命者要实现的新体制的象征。"她提出了法国革命也应该向女性赋予参政权的革命性主张。
2　规定国王可行使的权限的公文。当时有人认为这是英国开始限制国王绝对权力的开端,因此应称为英国民主主义的始发点,可后来又有人认为它不过是为加强贵族权力而发布的封建公文而已。

立宪主义,由此英国成了世界民主主义的鼻祖。但这个国家开始保障女性参政权,也不过是百年前的事情。

"女孩子们把学分都拿走了,我儿子受不了啦!"因女生太优秀,男生的父母们怨声载道。有不少家长因为学分排位扬言要把孩子转到别的学校。小学、初中、高中,无论在哪个学校,大多数女生的学习能力都远超男生。在各种考试中女生早就占据首席,只招 10% 女学员的陆军士官学校里入学和毕业时成绩都居榜首的也是女生。根据这些现象有些人主张男女地位应该倒过来,也有些人呼吁雇佣或晋升时应该首先考虑男性名额。"女性学习成绩优于男性,这个社会就是女性占上风的社会",试问这样的主张妥当吗?然而,现实恰恰相反,在学校出类拔萃的女性一旦走进社会,往往一事无成。这就说明这个社会是向不利于女性方向发展的扭曲的社会。

在男子高中传播女性主义

大人们总说"还是那个时候好",青少年却不同意这种说法。穿上捂得严严实实的校服,背着沉重的书包,连跑带颠地上学的日子有什么好?想做的事情有很多,但只因年龄小而不能做的事情有多少?因年龄小被人欺负的事情又有多少?做同样的事情,十多岁的孩子做就被说是胡闹,仅仅因为年龄小而挨骂,这样的人生多么悲哀,大人们是不会理解的。所谓社会弱势,就是不能做的事情比能做的事情还多,以年龄为由受到各方面的限制。在这一点上,"小小的年纪怎么会做这样事情"和"一个女人怎么会做这样的事情"如出一辙。被压抑的人最能理解被压抑时的心情。这就是十七八岁的男性青年比成年男性更快接受女性主义的原因之一。

我常告诉学生们,这个社会给男性灌输过重的认同观念。很多男性听到"江陵男人有点怪"、"明伦[1]高中男生有点怪"、"校洞[2]男人有点怪"时，会大发雷霆。这是因为自己也被认为是"怪男"中的一员。当一位与自己较亲近的女性诉说自己被某一男性欺负，这时，他不仅不同情那个女性，反而急着争辩"并不是所有男人都那样"。不先体谅身边女性的苦楚，反倒为不认识的男人辩护，这就是过于在意自己男性身份的证据。只有放下"男性身份"的包袱才能客观地看待问题。

在有些人的眼里，我在学校里是个"杠精"。他们认为我是以不变的信念，为传播女性主义在学校各个角落煽风点火的人。然而事实并非如此。我平时和学生们说话从来没有那么张扬过，而是小心翼翼、不显山不露水地带过相关话题。尤其是讲女性主义，就好比谈恋爱时期提心吊胆地摸一下女友的手，我向男生们讲的时候一直注意把握尺寸。我是一个语文教师，我绝对不会提出类似"同学们，今天我们谈一谈性别收入差距问题"等莫名其妙的话题。

女性主义教育大部分是通过讲课形式循序渐进的，因此必须依赖教科书的内容来推进。最近一次女性主义

1　首尔市一个地名。——译者注
2　江陵市一个地名。——译者注

课是"把 un-PC 表述改写为 PC 表述[1]"的小组讨论。我要求学生们造出能够代替残障、疾病、性别、职业、种族等领域里歧视性语言的新词语。这天,学生们造出了很多新词,如"处女作——初出作""外婆家——母家""信用不良者——低信用者""不良少年——异常少年"等新词。这种活动之所以能够进行,是因为《读书与语法》教材"词语的形成"单元里有"歧视性用语改写法"的内容。

我在后面的单元里陆续介绍了时态、被动、使动、韩国国语史等内容,可这些内容与课程几乎没有内在联系。想讲给学生的内容、想放给学生看的影像很多,想让学生阅读的报道也很多,可因为没有脉络连接,我只好耐心等待。如果乱讲一气学生就会反感,只有把学生们放在中心位置才能得到预期的效果。这就需要备好充分的资料。最近,作家孙雅兰在《改变世界的 15 分钟》节目中用"歧视代价"说明反向歧视的视频颇受欢迎。我想给学生们看这个视频,便将其存入了讲课资料服务器里。我反复祈祷:连接脉络赶紧显现吧,好让我随时出击。

我和学生们一有时间就闲聊,学生们也觉得在我的课上无拘无束,会在课堂上即兴说出一两句"笑料"。这是只有年轻教师才拥有的特权。伟大的哲学家弗洛伊德先

---

[1] PC 为 "Political Correctness" 的缩写,可解释成"政治上的正确"或"道义上的公正性"。限制使用带有歧视与偏见的语言,代之以中立性的语言的运动叫作"PC 运动"。

生曾说过"人类的真情往往在口误中出现"。无意中吐露的一句话往往说出了内心深处的情感。别人讲话时我总是注意聆听,只要发现金句我便立刻做出回应。最近就发生了类似的事情。

最近学生们中间流行一种奇怪的称呼法,即叫朋友时不叫朋友的名字而是叫他母亲的名字,比如叫我的时候不叫"乘范",而是叫我母亲的名字,"喂,恩熙"。那天发现有一个学生喊另一个学生母亲的名字,我立刻介入了:"××同学,你刚才是不是叫了××同学母亲的名字?为什么不叫同学的名字却叫同学母亲的名字呢?"教室里一下子鸦雀无声。学生们心知肚明,不管老师下一句要讲什么,反正呼叫同学母亲的名字是不对的。

教室里安静下来的时候,往往是学生们的注意力达到最佳状态的时候。这时学生们动用浑身的细胞来回味我说的每一句话。我问他们:"为什么不用父亲的名字呼叫朋友而用母亲的名字呼叫朋友?不管答案是什么,只要坦率就行。"有一个学生回答:"叫父亲的名字心情还可以,可要是喊母亲的名字,心情就不爽。"我又问为什么喊母亲的名字会心情不爽?他们回答"因为母亲对我来说是最珍贵的人","为了我,母亲宁愿牺牲一切","允许说父亲,但绝不允许说母亲"。

我做了说明:"说得对。老师家里也一样,母亲比父亲做出了更大的牺牲。我也觉得我母亲非常可怜。母亲是世上最辛苦的人，对不对？"孩子们的表情开始凝重起来，此时他们正在想自己母亲的形象。我的母亲为什么要活得那么累呢？我的母亲为什么无条件对我好呢？要是按现在对母亲的爱戴之情，真想为整个女性群体的未来疾呼一声，可孩子们却喊不出来。因为他们此时的想法仅仅是一时冲动的情感。我觉得时机已到，可以从现在起给孩子们慢慢地讲妈妈的故事。要想把一个男人造就成女性主义者，我觉得第一步就是让他对母亲产生愧疚感。

应对学生指责的方法

那是今年夏天发生的事情。午休时分我去了学校图书馆。在我埋头翻书的时候,从对面书架处传来一年级学生窃窃私语的声音。他们是听到有新书上架的消息而前来翻阅的学生。那个月,我征订的女性主义新书摆满了新书区的书架。

"我们学校的图书馆怎么会有这么多这样的书呢?"

"听说这些是教二年级语文的那个高个子老师征订的。"

"听师兄们说他是'美加利人'。"

"他不是给我们发岁月号胸章的那位老师吗?看上去是个很善良的人呀。"

"那位老师征订这些书应该有他的理由吧。"

"人们不愿听有理的话,只愿意听好人的话。"这是崔圭硕的网络漫画《锥子》里的一句台词。学生也一样，他们不愿听聪明老师的话，只愿意听好老师的话。要想给学生们传授女性主义，渊博的知识和海量的范例固然重要，但更重要的是先做一个学生们喜欢的好老师。只有当了好老师，学生们才会对老师讲的课洗耳恭听。其实想当一个好老师并不难。只要像对待同事一样对待学生就能成为学生心目中的好老师。这是很容易做到的事情，就看你能不能放下那不足挂齿的自尊心。

老师尊重学生的主张，听从学生的意见，有些人就说"被学生牵着鼻子走"。以古板的观念机械地搬弄学校僵硬的文化，这是上一辈老师们的固定形象。他们想错了。学校不是丛林，学生也不是野兽。学生不是被压抑、被强迫的对象，他们的知识和才能也许会有上下之分，人格和人权却没有上下之分。只要尊重他人、礼貌待人、谨言慎行、倾耳聆听就会成为好老师。放下管理者、监视者、惩罚者的态度就可以拉近与学生们的距离。放下架子与学生沟通，这是教师的第一要务。

也有一些发出怨言的学生。今年教师评价问卷调查中我发现有些学生提出"过于偏向女性，因此心情不爽"。虽然心里有些伤感，可我觉得提出这样的意见也很正常。这些学生未曾享受过性别权利。他们根本没有经济权利，在他们的记忆中因年龄小而受压抑的回忆远多于快乐的回忆。我很想理解他们的苦衷。在成人—青少年关系中，我承认我是加害者,我也承认作为教师我在有意无意地介入压制学生权利的行为。对此我表示诚挚的歉意。

可我还想告诉他们,在男性—女性关系中,我们男性在文化层面和社会层面所享有的性别权利远多于女性。我们不怕夜间行走,不怕监控偷拍,不怕语言、肢体上的冒犯,不受穿着打扮的限制,仅这些就足以说明我们男性的生活质量远高于女性。我想告诉大家,在大部分学校,女教师多于男教师,可大部分学校的校长和教导主任恰恰都是男性;无论在语言上或在行为上,和男性教师相敬如宾,对女性教师却肆无忌惮,这就是性别歧视,也是性别权利的一种表现。我还想告诉他们,虽然我们都觉得自己很清白,但作为男性我们往往无意间说出、做出使女性不悦的语言和行为;从女性的角度,仅从面相上看不出哪个男人是加害者,正因为如此,女性也在有意无意地戒备所有男性;如果因为女性主义而被人们责骂,我们不应该将愤怒发泄到女性身上,而应该向"骂我们的那些男性"发怒。这才是道德、正义的行为。

要求学生们现在立刻接受我的观点也许做不到,但他们早晚会回忆起我说过的话、我给他们看过的影像资料。我也不要求学生们对我的讲课内容立刻做出回应。等到这些知识、这些观点一点一滴地积累在他们的意识深处,那么这些积累起来的知识会爆发出来。即使一个班里只有一名学生改变自己了原来的想法,对我来说也已经是十分有意义的事情了。我真诚地希望我的学生们哪一天遇上和我有同样价值观的人就说一句"以前我们的语文老师也说过这样的话",如果遇上价值观不同的人就说"您说的这些与我们老师说的不太一样啊!"。

如何团结同志?

我的身边偶尔会出现一些持有女性主义观点的老师。见到他们,我首先会送给他们一本书。最近我向同事们赠送了《82年生的金智英》《敏感一点也好》《希望你继续不自在》《争吵中提高的悟性》等书,有时还向他们推荐电影。暑假期间我通过网络告知他们《女性参政论者》是一部很有意义的电影。三月八日国际妇女节那天,我向全校女性老师和具有较高人权感受度的男性老师赠送了玫瑰造型的巧克力,在巧克力的背面还写了介绍妇女节来历的短文,在同事们共享的群里分享了有意义的视频和值得深思的报道。

目前和我志同道合的有两位男老师。我在网上的搜索对象从来都是男性。他们二人根本不知道我一直在关注他们。"2019年读书会"是我个人的网页,目前正在努力创建中。那两位老师都是对人权敏感性较高的人,也是非常尊重学生的人。尊重学生，意味着他是一个注重弱者声音的人。一般情况下，这样的人对性别歧视的认知度也很高，对女性的痛苦也很容易产生共鸣。他们很容易接受女性主义，而且能够全盘接受。

　　我在学生当中也看出了一些苗子。最近我发现有几个学生就像具备特异功能一样能够察觉周边同学的境遇，如某某最近心情有点郁闷，某某同学最近显得特别孤单等。这些学生对身处困境的人不会视而不见。大街上看到老大娘卖橘子他们就主动买几斤，公交车站旁看到乞讨的人就主动递上几枚硬币。有奉献精神的学生一般都很容易接受女性主义。吕贝卡·索尔妮在她的著作《女人总被问同样的问题》一书中说黑人男性比白人男性更能理解女性主义。俗话说"肉也是吃过的人才知道香"，同样的道理，只有受到过歧视的人才懂得什么叫歧视。这就不难理解性少数者和女性主义者为什么能够联姻，大多数女性主义者为什么都是素食者。

　　我在校外召集一群青少年组织了青少年读书会。我跟他们一起读书，每月坚持读一本，一年读十二本书。那十二本书中有两本是关于女性主义的图书。孩子们说每月读一本书没问题，可就是不知道读什么样的书好。我不失时机地向他们推荐书。2017年我推荐的书当中，女作家恩喻的《争吵中提高的悟性》位居第一。这是一部描写女性在工作、恋爱、结婚中经历的辛酸故事的书。在阅读这本书的四周期间，有不少学生为书里的内容而流泪，有不少学生重新选择了人生之路，也有一些青少年誓言要成为女性主义运动的斗士。

2017年8月开始在江陵地区举办的旨在守护和平少女铜像[1]的"和平灯塔"活动，规定每周开展一次"周三集会"。这是一个激励人们思考国家暴力、战争犯罪、父权制度、女性权利的很好的契机。这个活动比其他市民运动更具大众性，加入门槛也很低，在活动中能够认识更多的新人。我想遇见更多的人，团结更多的同志，因为团结就是力量。

---

[1] 为纪念日本统治时期慰安妇少女而塑造的铜像。——译者注

与其站在有利的一边，不如站在有益的一边

我是一个男性。如果父权制继续维持下去且世道保持不变，对我来说也许是很有利的事情。即使不挣一分钱，只要不打骂妻子便是好男人，这是祖辈时代的传统观念。对男人来说这是一个绝对安逸的时代。随意打量女人的身体、评价女人的长相、侮辱女性人格的父辈时代，对男性来说也许无比自由。然而这并不是遥远的过去，一天的工作从拍拍女职员的屁股开始，这种职场文化才消失了三十年左右。

最近，我与学生们讨论升学、成绩方面的话题。学生们胸怀各种不同的理想，那是五彩缤纷的梦想，也是充满希望的将来。我们班不到三十名的学生，有的要当军人、警察、消防员，有的要当护士、厨师、美容师，他们的梦想真是多种多样。这让我意识到男生的梦想要

比女生宽广。只有"要说女孩就业，××职业最好"的说法，而没有"要说男孩就业，××职业最好"的说法。这足以证明在职业选择上男生的选择余地远比女生多。

韩国的俚语里有"女人和干明太鱼必须敲打"[1]"母鸡打鸣家破人亡""三个女人一台戏"，而没有"男人和干明太鱼必须敲打""公鸡打鸣家破人亡""三个男人一台戏"的说法；只有喜欢看英雄救美女漫画的男孩，没有喜欢看美女救英雄漫画的男孩；男孩专注某一件事，人们说他有毅力，女孩专注某一件事，人们则说她执着；男孩打架人们会说"男孩就是在打架中长大的"，女孩打架则说"女孩相互为敌"；男孩凶悍，人们说他是有魄力，女孩凶悍则说是过于强势；男孩发脾气，人们说他生气了，女孩发脾气则说她闹别扭。用消极、否定的眼光去看待女性，这就是这个社会从小灌输给我们的传统观念。

虽然女性和男性都受过同等的教育，可男性的思维远没有女性的思维发达。这是因为老一辈所留下的行为规范处处束缚着男性的思维发展。就连出生于二十一世纪的孩子们也喜欢看以男性为主、以女性为辅的漫画。被称为少儿偶像的动画片《淘气的小企鹅》里总共出现过十一个人物，遗憾的是这些人物里只有两个女性角色，而这仅有

1　干明太鱼是硬的，须用木棒敲烂才能吃。——译者注

的两个女性角色还穿着淡紫色和粉红色的衣服充当专门为男人收拾残局的角色。

　　女孩从小爱上厨房，帮助妈妈端饭端菜。为什么？只因为包括妈妈在内的姑妈、姨妈都在厨房。而男孩或在房间里玩耍或在客厅看电视，等到妈妈喊一声"吃饭"才坐到饭桌前。为什么？只因为包括爸爸在内的叔叔、舅舅都在客厅看电视。如果女孩用抹布擦拭饭桌，人们就称赞她长大肯定是好媳妇，而男孩做出同样的行为会怎么样呢？没人会夸他里里外外是好帮手。乖孩子情结—概念女框架—母性理念，由这一系列传统观念组成的链条将女性永远锁在父权制度的牢笼里。

　　曾经有过视身份歧视、种族歧视、性别歧视为理所当然的时代，也曾有过因左撇子、发色不同、身患疾病而遭歧视的岁月，更有过将单身女子说成魔女而处以火刑、将身患肺结核的人视为魔鬼附身而严刑拷问、将精神病患者视为恶魔判处死刑的时代。

　　在恐怖与傲气支配的社会里根本没有幸福生活可言。纵观历史发展，一直是朝着扩大平等权、保护少数者的方向进步的。女性是历史上经历时间最长、人数最多的弱势群体。如果不把这个问题提到议事日程上，平等、和平便无从谈起。与其站在有利的一边，不如站在有益的一边。让我们高瞻远瞩，面向未来，创造一个没有歧视的平等世界吧。

结束语

为了一起在地狱中生存

整个地球村被女性主义热潮席卷的 2017 年,我的工作岗位仍旧是一片死寂。为什么会这样呢?是出于政治上保持中立的学校领导层的意思呢,还是出于对社会变化反应迟钝的私立学校的局限性呢?如果这些都不是,那么是清一色男生和男教师的男性集团出于事不关己高高挂起的原因吗?围绕女性主义者和性平等研究而展开的狂风暴雨般的争论,是在同一个教育界发生的,可我所在的学校却风平浪静。

目前在我们班里念书的男高中生有一半以上来自男子中学。这些长期以来只接触男性的学生不能理解女性的人生,应该说是理所当然的事情。不过,这能算是好事吗?二十一世纪的语文教科书也认为"断定而命令式的语气是'男性语气',温柔而文静的语气是'女性语气'"。用这种教科书培养出来的孩子们,其思维方式几乎无异于老一辈人。老一辈人至今认为保护女生是男生的义务，打骂女生非男子汉大丈夫，女生要看脸蛋，男生要看能力，男生将来会挣钱养活女生。有些男性还表示自己很想当模范丈夫，结婚以后一定会帮妻子做好家务活儿。

目前，韩国所有小学、初中、高中都设有预防性交易和性暴力教育课，尽管这是法律规定，但大部分学校只留下文字、影像记录，所谓的性教育课只流于形式。正因为如此，专家们专程来给学生们做专题讲座，但还是很难引起学生们的关注。将数百名学生集中在偌大的讲堂里，老师在讲台上一本正经地授课，时而真挚地向学生提问，学生却以调皮的口吻回答老师的提问，这样的授课形式不仅不能引起学生的关注，反而会造成逆反效果。为此，我们曾向有关部门提出过能否效仿残障教育或集团商谈形式，采取一间教室一位老师的讲课方式，得到的回复却是目前还满足不了这样的要求。可以看出在政策制定者那里，性认知教育、性别平等教育仍然是无足轻重的。

我真诚地希望在公共教育领域里，女性主义教育能够实现常态化、义务化。就像瑞典给全国16岁以上高中生分发女性主义图书《我们都应当成为女性主义者》一样，我们也需要实施国家层面上的性平等教育。只要在教育层面一介入，就可以用较少的费用预防和解决巨大的社会矛盾。

在讲授女性主义过程中，看到学生们的变化，我心里便产生了对未来的希望。以前他们只会说"结婚以后我要帮助妻子做家务活儿",现在他们说"不是帮助,而是一起做";尊重残障人的呼声多起来了,声调也高起来了;还有学生提问"这个词语是不是属于歧视性语言?"。我坚信这些学生将来一定会成为不擅自评价他人、指责他人的成年人。

蜡烛政府[1]最热议的话题就是清算积弊。韩国社会积弊年限短则九年,长则追溯到光复前后。目前韩国社会还有很多诸如收入不均、权威主义、政商勾结、厌政情绪、拜金主义、地域攻击、校派之争等需要清除的陋习。需要多长时间,需要多少资源才能实现"非正常的正常化"呢?就眼下的状况来说谁都无法预料。

父权制度下形成的积弊历史到底有多长呢?最短也有几百年的历史,要说长,可能追溯到新石器时期。由于积弊蔓延程度过深、过广,如今变成了习以为常的"自然现象"。与人类悠久的历史一直结伴而行的性别歧视牢牢地盘踞在人们的意识深处,无时无刻不控制人们的思维和行为。

在韩国,结婚意味着一个家族的诞生,意味着男女青年之前过着独立的个体生活的时代结束了,作为一个家

1　指韩国的文在寅政府。——译者注

庭的成员，所要承担的事情比以前更多了。于是人们不停地评价你是否尽到丈夫或者妻子的职责。通过婚姻形成的各种关系以及这些关系中产生的紧张气氛不容小觑。在韩国当一个丈夫容易，当一个妻子却不容易，我的婚姻生活虽然不长，但已经多次品尝过这样的滋味。

在妻子的朋友圈里我算是口碑不错的丈夫，既能挣钱又能做家务活儿，既无烟酒嗜好，又能按时回家。事实上妻子也是同样贤惠的女人，然而我的朋友圈里却没人说她是好妻子。男人只要具备最基本的条件就能受到表扬。因此，当一个丈夫非常容易。

刚结婚那几年我听到的最多的问话是"她给你做早饭没有？"，这一问话一年下来我至少会听到二十次。一开始我回答说我跟她结婚不是为了吃她做的饭，可接下来的问话没完没了，后来我索性回答："做了。"回头我问妻子在她的朋友圈里是否听到这样的问话，妻子扑哧一笑，说"我听到的不是'丈夫给你做饭没有'，反倒是'你给丈夫做早饭没有'"。当一个妻子真的好难。

妻子称我弟弟"小叔子"，我称妻子的妹妹"小姨子"。岳丈家的人都说我干吗还这么客气，要我直呼小姨子的名字以示亲切。可我从来没听过我家的人让我妻子直呼我弟弟的名字以示亲切。小叔子小姨子是我们夫妻俩的弟弟妹妹，可对他们使用的语言要求却不一样。这到底是为什么？

到我母亲家去吃饭，我母亲做饭，我妻子收拾碗筷。到岳丈家吃饭，她的母亲做饭，我来收拾碗筷。我妻子到我家收拾碗筷没人说什么，可我到岳丈家收拾碗筷，他们如遇大事，惶恐不安。"视儿媳如女儿，视女婿如儿子"这句话的有效性应该延伸到婚礼现场之外。自己家人用过的碗筷由儿子来收拾，这还用去阻拦吗？

在写这本书的时候我的脑海里不断浮现三位女性，母亲、妻子和女儿。我是通过母亲的人生学到了女性主义。我在她的肚子里生长了九个月，出生以后又得到了她几十年的照顾。自从我出生以后，母亲连自己的姓名都丢掉了，一直是以"乘范妈妈"的身份生活的。母亲像蜡烛一样一生燃烧自己，支撑了我们一家。看着母亲老去的身影，我感慨万分。我既是在父权制下受到母亲百般呵护的受益者，又是在父权制下对母亲一生的加害者，而且是父权制意识形态的共谋者。母亲明年是花甲之年，是摆脱束缚的年龄。母亲，请您放心，儿子会全力帮助您的。

自从学习女性主义以后，我便到处宣扬"结婚对男性意味着走进天堂，对女性则意味着进入地狱"。可我还是结婚了，而且过不了多久要当父亲了。妻子的朋友们经常对妻子说"遇到一个女性主义丈夫该多么幸福"，这句夸奖的话激励着我做一个言行一致的人，我要让她永远以金惠英的名字生活下去，不让家庭成为她人生的羁绊。

没想到写书这么难。在写这本书的时候我常后悔自己不自量力，不应该拿起笔。可是想到即将出生的女儿，我又信心倍增，重新振作起来。我不会把女儿束缚在粉红色的童装和粉红色的头绳上，我一定要让我的女儿在性中立的环境中茁壮成长。只因为是女性而被迫放弃梦想，只因为是女性而自我束缚，这是我们眼前的社会。我希望我的女儿在没有这种桎梏的世界里做一个有尊严的女性并堂堂正正地生活下去。我还希望这本书为实现那种世界做出一份贡献。